技术创新与发展丛书
—TECHNOLOGY INNOVATION AND DEVELOPMENT SERIES—

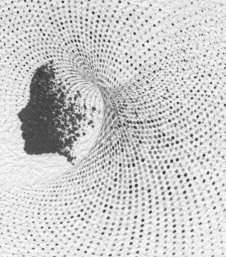

马 丽 著

企业创新能力的提升

基于联盟组合网络特征和组织学习的视角

THE IMPROVEMENT OF ENTERPRISE INNOVATION
Capability Based on the Perspectives of Alliance Portfolio
Network Characteristics and Organizational Learning

☆成都师范学院学术专著出版基金和引进人才专项基金资助
☆国家自然科学基金项目（71572028）成果

经济管理出版社
ECONOMY & MANAGEMENT PUBLISHING HOUSE

图书在版编目（CIP）数据

企业创新能力的提升：基于联盟组合网络特征和组织学习的视角/马丽著 . —北京：
经济管理出版社，2022.6
ISBN 978-7-5096-8514-3

Ⅰ.①企… Ⅱ.①马… Ⅲ.①企业创新—研究 Ⅳ.①F273.1

中国版本图书馆 CIP 数据核字（2022）第 099598 号

组稿编辑：王光艳
责任编辑：魏晨红
责任印制：黄章平
责任校对：董杉珊

出版发行：经济管理出版社
　　　　　（北京市海淀区北蜂窝 8 号中雅大厦 A 座 11 层　100038）
网　　址：www.E-mp.com.cn
电　　话：(010) 51915602
印　　刷：北京晨旭印刷厂
经　　销：新华书店
开　　本：720mm×1000mm/16
印　　张：13.5
字　　数：221 千字
版　　次：2022 年 6 月第 1 版　　2022 年 6 月第 1 次印刷
书　　号：ISBN 978-7-5096-8514-3
定　　价：68.00 元

前　言

　　创新已成为当今社会发展的重要驱动力，也是企业赢得持续竞争优势的关键因素。然而，技术迭代速度加快、创造性毁灭和知识爆炸式增长加剧了企业创新的复杂性和不确定性，致使众多企业选择同时与多个伙伴建立联盟关系，构建起以自我为中心的联盟网络——联盟组合，力图突破资源约束和降低创新风险，进而持续提升企业创新能力的目的。事实上，联盟组合能否实现创新效应受到了多种因素的影响，其中联盟组合网络特征对焦点企业创新能力的影响最为复杂和不确定。因此，构建与组织外部环境以及企业战略和能力相适应的联盟组合对于提升企业创新能力显得尤为关键和重要。

　　目前，学界的相关研究虽然勾勒出了联盟组合网络特征给企业创新带来影响的大致轮廓，并在一定程度上刻画了联盟组合节点特征、关系特征和结构特征与企业创新绩效的关系，但是，鲜有研究建立联盟组合网络特征的多维分析框架，且联盟组合网络特征影响企业创新能力的过程机制与作用情景也缺乏深入的探究和一致的结论，联盟组合网络特征与企业创新能力的动态演化研究也十分匮乏。

　　立足于现实与理论背景，本书确立了"企业构建怎样的联盟组合才能有效提升自身创新能力"的研究主题。围绕这一研究主题，深入探讨了三个基本问题：一是联盟组合网络特征如何影响企业创新能力；二是企业如何在不同的情景下构建合适的联盟组合来提升创新能力；三是企业如何动态调整联盟组合网络特征以持续地提高创新能力。

　　针对以上研究问题，本书以资源基础理论、社会网络理论、组织学习理论、权变理论和动态能力理论为基础，构建了联盟组合网络"伙伴多样性——

联结强度—网络规模"三维特征分析构架，建立了包含组织学习的中介效应模型、环境动态性和技术战略导向的调节效应模型的理论假设，并运用结构方程法、多元层次回归法和案例研究法进行了验证，最终得到以下研究结论：

（1）联盟组合网络特征通过组织学习影响企业创新能力。本书运用结构方程建模分析了有关企业的问卷数据，研究表明，探索性学习和利用性学习两个中介变量在伙伴多样性与联结强度对企业创新能力的影响中起到了部分中介作用，在网络规模对企业创新能力的影响中起到了完全中介作用，联盟组合网络特征通过影响企业探索性学习和利用性学习促进了企业创新能力的提高。

（2）环境动态性和技术战略导向在联盟组合网络特征对组织学习的作用机制中发挥调节作用。本书运用多元层次回归模型分析企业问卷数据的结果表明，环境动态性正向调节联盟组合伙伴多样性、联结强度和企业探索性学习之间的关系，负向调节联盟组合伙伴多样性、网络规模和企业利用性学习之间的关系；技术战略导向正向调节联盟组合伙伴多样性、网络规模和企业探索性学习之间的关系，正向调节联盟组合伙伴多样性、联结强度、网络规模和企业利用性学习之间的关系。

（3）组织学习平衡与联盟组合网络特征动态的匹配可以持续提升企业创新能力。本书运用纵向单案例分析法，以我国新一代信息技术企业的技术追赶为研究背景，分析了京东方科技集团股份有限公司（BOE）在二次创新过程中的技术追赶历程。研究发现，在焦点企业的二次创新过程中，随着企业联盟组合网络特征由小规模、低多样化程度和弱强交替网络向大规模、高多样化程度和二重网络演化，动态调整组织学习平衡模式由间断型平衡向双元型平衡转变，如果能够由此实现长期的组织学习混合平衡，将有利于后发企业实现创新能力的持续提升与有效赶超。

通过上述研究，本书主要做出了以下理论贡献：

（1）揭示了组织学习是联盟组合网络特征影响企业创新能力的关键路径，在一定程度上有效解决了企业如何在联盟组合中提高创新能力的难题。

通过揭示联盟组合网络特征通过组织学习影响企业创新能力的过程机制，明晰了开展组织学习是企业从蕴含在联盟组合中的资源中提取创新价值的关键路径。这在一定程度上解决了企业联盟组合的一个重要问题——企业在联盟组合中应该通过何种途径来提高创新能力，进而推动了依托联盟组合开展技术创新的作用机制理论研究的深入，拓展了组织学习理论的研究视角。

（2）同时考虑了外部环境特性和内部组织特性对联盟组合创新效应发挥的情景作用，对企业根据不同的环境动态性和技术战略导向构建有效的联盟组合网络和组织学习模式有重要的参考价值。

环境动态性和技术战略导向对企业联盟组合网络特征影响组织学习的调节效应的明确，为企业根据其外部环境特点和内部技术战略，有效调整联盟组合配置以实现相应的组织学习目标，进而促进技术创新能力的提高提供了一种全面的情景视角，丰富了企业通过联盟组合进行技术创新的理论研究成果。

（3）探明了联盟组合网络特征、组织学习和企业创新能力的动态演化规律，为企业长期通过动态调整组织学习平衡模式与联盟组合网络特征匹配以持续提升企业创新能力提供了理论基础。

联盟组合中蕴含的资源并不会自动转化成企业的创新能力，只有当企业根据联盟组合网络特征动态地调整其组织学习模式，才能有效获取网络资源中的创新价值，最终为创新能力持续提升提供不竭动力。在我国大部分企业都属于后发企业并以二次创新为主要创新模式的现实背景下，揭示在二次创新的动态过程中，在外部环境和技术战略导向的具体变化情况下，焦点企业的联盟组合网络特征、组织学习模式和创新能力的动态演化规律，将有效地指引企业在变化中的外部和内部环境下，根据联盟组合网络特征动态调整组织学习模式，从而持续地推进二次创新演进和创新能力的提高。这使得联盟组合与创新能力关系的研究得以纵向拓展，对联盟组合、组织学习和技术创新理论做出有益的补充。

目　录

❶

绪　论

1.1　研究背景

1.1.1　现实背景

中国正在加快建设创新型国家，在以创新知识复杂化、创新体系生态化、创新资源共享化和创新平台数字化为典型特征的时代背景下，任何一家企业既不可能完全独立地拥有技术创新的全部知识资源，也不可能在封闭的系统中持续提升创新能力。为此，不少企业通过与若干伙伴并行构筑联盟关系以实现组织内部资源和组织外部资源的协同整合，进而形成一个以企业自身为中心的联盟网络，即联盟组合（杜欣，2017）。

联盟组合（Alliance Portfolios，AP）属于自我中心网络，焦点企业可以根据外部环境和自身战略的需要，主动选择和配置网络中的资源，同时借助与联盟成员的互动获取超出任一单个联盟价值的整体价值，世界上很多企业正是通过组建联盟组合赢得了持续竞争优势（Mouri et al.，2012）。

与此同时，随着技术创新周期的缩短和复杂化程度的加深，单个企业仅仅依靠内部资源很难满足日益增长的创新需求。近年来，为了提高创新能力，许多国内本土企业正在以空前的速度和规模构建联盟组合，其主要类型包括研发联盟、营销联盟、行业协会和金融联盟等（詹也，2013）。例如，在新一代信息技术产业中，京东方（BOE）自 2001 年进入液晶显示行业，到 2010 年，其核心联盟伙伴由 13 个发展到了 26 个；2018 年底，其核心联盟伙伴已经跃升到 63 个（马丽和邵云飞，2019）。目前，京东方的联盟组合中有与北京航空航天大学、电子科技大学、北京大学等建立的研发联盟，有与华为、长虹、戴尔、宝马、百思买等建立的客户关系联盟，有通过与丸红株式会社等建立的营销和服务联盟。另外，京东方还是中国光学与光电子协会液晶分会和中国电子视像行业协会的核心会员，并与深圳证券交易所以及银行建立了稳定的金融联盟关系。京东方凭借其组建的联盟组合有效实现了获取资源、削减成本、降低风险和开拓市场的战略目标，并促进了创新能力的跨越式提升。华为旗下的海思半导体有限公司自创建以来就建立了多个以自身为核心的联盟关系，拥有了包括研发、生产的联盟组合伙伴。2014 年，海思发布了我国第一款满足五模需求的 4G 芯片——麒麟 920，这款具有划时代意义的芯片整合了与德国 Rohde 和 Schwarz 合作研发的 BALONG 710 基带、英国 ARM 公司 Mali T628MP4 型 GPU 和中国台湾 ALTEK 成像芯片组等关键模块。海思在技术多样化的联盟组合伙伴中获取资源和开展学习，实现了创新能力的飞跃。

尽管在提高企业创新能力方面联盟组合具有显著优势，但其带来的创新效应也受到了多种因素的影响，包括网络特征、产业集中度与产业需求以及焦点企业的联盟能力等（Heimeriks et al.，2009；Lavie，2009）。其中，联盟组合的伙伴特征、关系特征和结构特征等网络特征给焦点企业创新绩效带来的影响最为复杂和不确定。焦点企业构建的联盟组合网络特征一旦与自身的战略、能力以及文化不匹配，不仅无法实现创新能力的跃升，还将给企业带来严重的负面影响，使众多企业需要对"该构建怎样的联盟组合"这一问题进行艰难的探索。与此同时，联盟组合网络特征对企业创新能力的影响机制非常复杂，众多企业对于在联盟组合中进行创新的规律还缺乏有效把握，对于通过联盟组合提高企业创新活动效率和创新能力的有效路径还需要深入探索，这就要求研究者加快有针对性的理论和方法体系构建，并为企业实践提供指导。

基于上述分析，本书在国家加快实施创新驱动发展战略和推进产业转型升级的背景下，综合考虑环境与组织特性，探讨国内企业如何构建恰当的联盟组合并建立相应的机制，这些对于有效提升我国企业创新能力具有很强的现实针对性。

1.1.2 理论背景

在实践领域，全球企业通过组建联盟组合提高创新能力的普遍性引起了学者们的极大关注和研究兴趣。Gulati（1998）首先提出了"联盟组合"这一概念，随后，在 *Strategic Management Journal*，*Journal of Business Venturing*，*Organization Science* 等管理领域的国际顶级期刊上，以联盟组合为主题的论文持续增多并成为技术创新领域的研究热点，内容涵盖联盟组合的内涵、成因、特征、效应、演化以及联盟治理等。

根据开放式创新理论，突破组织边界、实现开放式创新系统的构建和企业内外部资源的有效整合是企业提升创新能力的前提，而联盟组合这种自我中心网络能够为其提供一种有利的网络组织形式。首先，从网络节点维度来看，联盟组合在构建上服从焦点企业的战略安排，企业可以根据自身的战略目标选择结盟伙伴，以获取和整合多样化的资源，从而提高创新能力。例如，高校、研究机构等联盟伙伴可以为企业提供基础研究资源，帮助企业提高新技术生成能力；客户、供应商等联盟伙伴可以为企业提供技术改进、整合和产品化的知识与机会，提高企业新技术的商业化能力（Lavie and Rosenkopf，2006；Kim and Higgins，2007）。其次，从网络关系维度来看，联盟组合中的焦点企业可以通过富有成效的组合管理，平衡与联盟组合伙伴的强弱、广度与深度等关系，这既有利于在联盟组合中做到缄默知识的共享、促进信任的增强和推动冲突的解决（Lavie，2009；Faems et al.，2012），又有利于在联盟网络中获取新领域的知识以满足互补知识的需求（Haider and Mariotti，2016），进而提高企业创新能力。最后，从网络结构维度来看，焦点企业与更多的企业组建联盟组合，可以在更大的网络内扩大企业创新搜索的范围。与此同时，如果焦点企业在扩大联盟规模的同时能够将网络宽度控制在合适的范围，提高结盟伙伴的质量，并注重建立与维护信任关系，这将更加有利于取得较高的创新绩效（Wassmer，2010）。

然而，随着相关研究的不断深入，学界已深刻认识到联盟组合网络对企业产生的创新效应是异常复杂和不确定的。一方面，联盟组合网络特征与企业创新能力之间不一定是简单的线性关系，有可能是非线性关系（Faems et al.，2012；Oerlemans et al.，2013；Wuyts and Dutta，2014；Martinez et al.，2017；殷俊杰和邵云飞，2017；Hagedoorn et al.，2018；Chung et al.，2019；邓渝和黄小凤，2017；Zheng and Yang，2015；韩炜和邓渝，2018；Deeds and Hill，1996）；另一方面，联盟组合网络特征并不是简单直接地影响企业创新能力，其中的作用机制非常复杂，信息与资源的共享、流动和整合程度，以及企业内部动态能力、联盟控制治理等因素都在二者之间的关系中发挥了重要的中介作用（Martinez et al.，2017；邓渝和黄小凤，2017；Martinez et al.，2019；Cui and O'Connor，2012；詹坤等，2017）。

事实上，联盟组合中的资源并不能直接转化为企业创新能力，而是需要焦点企业将外部资源内部化，并通过内化外部资源形成自身能力的迭代发展和深化，这就需要企业安排相应的组织学习活动，通过在联盟组合网络中的不断学习，以形成叠加的吸收和组合能力。自从"探索性学习—利用性学习"模型被引入战略联盟以来，大批学者开始讨论联盟与两种组织学习的关系（彭新敏和孙元，2011）。在新近研究中，学者们也开始关注组织学习在联盟组合促进企业创新能力提高中的作用。例如，邓渝和邵云飞（2016）认为，在联盟组合情景下，焦点企业市场导向战略与关系导向战略通过双元组织学习实现不同类型的创新能力提升。彭新敏等（2017）发现，双元性学习可以成为后发企业突破超越追赶困境向创新前沿转型的一种新的解释机制。马丽和邵云飞（2019）通过案例研究认为，对于我国后发企业而言，组织学习平衡模式随联盟组合网络协同演化是其在技术创新能力上赶超先进水平的重要机制。因此，在联盟组合网络特征与组织创新能力的关系研究中，组织学习发挥的关键作用逐渐成为重要的研究方向。

虽然学者们普遍认可联盟组合在提高企业创新能力中的重要性，但现有文献大多偏重分析单一联盟组合特征的影响，缺乏通过构建多维度网络特征架构对企业创新能力影响的综合分析。同时，已有理论研究虽然勾勒了联盟组合网络特征并分析了其对企业创新能力的影响，但有关联盟组合网络特征对企业创新能力的作用机理研究仍显不足，可以考虑引入组织学习等更多的中介变量，以此进一步揭开联盟组合创新效应的"黑箱"。此外，若企业内外部条件发生变化，联盟组合对企业创新能力的实质性影响也将随之而变。因此，还需要引入调节变量以便客观地理解联盟组合网络特征对企业创新能力的作用机理。最后，联盟组合网络特征对企业创新能力的影响机制并非一成不变，需要从动态演化的视角进行理论探讨。

综上所述，本书从多维、权变和演变的视角讨论联盟组织网络特征对组织学习以及组织创新能力的作用机制、补充与扩展联盟组合理论、组织学习理论和创新理论具有重要的理论意义。

1.2　研究问题

通过梳理研究背景可以发现，我国企业如果在联盟组合这种网络范式中提高创新能力就要面临着一个极富挑战性的问题：焦点企业应构建怎样的联盟组合以最大限度地增强自己的创新能力并获得持续性的竞争优势？根据逻辑关系，这一问题又被划分为三个子问题，并构成了本书的研究主线：

（1）联盟组合网络特征如何影响企业创新能力。从实证角度来看，联盟组合作为一种自我中心网络，其在构建上服从于焦点企业的战略部署，具有自我中心网络的特征。那么，不同的联盟组合网络特征对企业创新能力有什么影响？产生影响的作用机制是什么？对此，本书首先构建联盟组合网络的多维特征变量分析框架；其次建立联盟组合网络特征对企业创新能力的影响机制概念模型；最后用规范的实证研究对概念模型做出验证。

（2）企业如何在不同的情景下构建适宜的联盟组合来提升创新能力。从权变视角来看，企业创新能力受联盟组合网络特征的影响需要基于一定的内外部环境，外部环境特性和内部组织特性势必会对联盟组合影响创新活动的机制产生影响，即企业创新能力受联盟组合网络特征影响的作用机制，会因权变因素而产生调节效应。对这类效应的研究将有助于界定联盟组合网络特征和企业创新能力关系的适用条件，有益于联盟构建方案的设计和实施过程更好地与企业实际运行相结合，并提升联盟组合理论研究对现实问题的解释与预测能力。为更加清晰地洞察企业的内外部环境，本书拟引入相关调节变量，以厘清其在联盟组合网络特征对企业创新能力的作用方向和强度上的调节机制，从而明确企业在不同的情景下构建怎样的联盟组合以提高创新能力。

（3）企业如何动态调整联盟组合网络特征以持续地提高创新能力。从演变视角来看，企业所处的外部环境以及企业的能力基础、技术战略等都处在动态的变化中，这种动态性加剧了联盟组合网络特征影响企业创新能力的复杂性和不确定性。本书拟采取纵向案例研究，来探析联盟组合网络特征、组织学习与企业创新能力的动态演变机制和规律，明确企业随着外部环境和技术战略的变化应该如何动态调整和设计联盟组合网络特征及组织学习模式，以持续性地提高创新能力，从而纵向上进一步验证本书的概念模型。

1.3　研究思路与方法

1.3.1　研究目的

本书的理论基础由资源基础理论、社会网络理论、组织学习理论、权变理论和动态能力理论构成，并以组建了联盟组合的国内本土企业为样本，揭示联盟组合网络特征对企业创新能力的作用机制，明确联盟组合创新效应发挥的边界条件，为企业的创新发展提供富有指导和借鉴意义的理论、方法和经验。本书拟达到以下目标：

（1）确立联盟组合网络特征分析维度。通过对现有文献进行系统性收集、整理和分析，理解相关概念的内涵实质，建立分析维度，为联盟组合网络特征对企业创新能力作用机制的概念模型构建提供分析基础。

（2）探析不同维度的联盟组合网络特征对焦点企业创新能力的作用机理。基于对联盟组合网络特征与组织创新能力之间关系的理论分析，选取"探索性学习"（Exploratory Learning）和"利用性学习"（Exploitative Learning）作为中介变量，从网络规模、伙伴多样性和联结强度三个特征分析维度，剖析联盟组合网络特征以组织学习作为中介促进企业创新能力提升的作用机理。

（3）分析焦点企业外部环境动态性和内部技术战略导向的调节作用。作为影响企业运行状态与创新绩效的两个重要变量，组织外部的环境动态性给企业重大决策和生产经营带来了不确定性；组织内部的技术战略导向决定了企业的技术路线和技术研发投入。本书拟探讨以上两个变量在联盟组合中网络特征对探索性学习和利用性学习影响中的调节作用。

（4）揭示焦点企业联盟组合网络、组织学习和创新能力的动态演化规律。在开放式创新范式下，企业的外部环境特性和内部组织特性都处在动态变化中，本书将通过纵向单案例研究，揭示焦点企业在变化的外部环境和内部技术战略条件下，其联盟组合网络特征、组织学习和创新能力的动态演化规律，明确企业如何动态调整联盟组合网络特征和组织学习的关系才能持续提高创新能力和竞争优势。

1.3.2 关键概念界定

围绕本书的研究目标和拟解决的问题，特对以下关键概念予以界定：

1.3.2.1 联盟组合

鉴于本书侧重于研究联盟组合这一自我中心网络的特征对企业创新能力的影响，以及关注网络特征变量测度的实际可操作性，本书将联盟组合界定为"在给定的时间段内，以焦点企业为中心的与焦点企业有直接联系的所有双边联盟的联盟网络"。联盟组合成员可以涵盖材料与零部件供应商、技术服务供应商、分销商、科研机构、金融机构、企业用户、市场竞争者、政府部门及行业协会等（马丽和邵云飞，2019）。

1.3.2.2 组织学习

鉴于 March（1991）提出的探索性学习与利用性学习已经成为技术创新中组织学习分析的主导范式，本书涉及的组织学习包括探索性学习与利用性学习两种模式。按照 March（1991）的定义，"搜索"（Search）、"变化"（Variety）、"风险承担"（Risk-sharing）、"实验"（Experiment）、"灵活性"（Flexibility）、"发现"（Discovery）和"创新"（Innovation）等术语均可用于描述探索性学习，其本质是对新选择方案的试验；利用性学习通常用"完善"（Improvement）、"选择"（Choice）、"生产"（Production）、"效率"（Efficiency）、"执行"（Execution）和"实施"（Implementation）等术语描述，其本质是对现有能力、技术、范式的提高和拓展。

1.3.2.3 环境动态性

本书关注焦点企业创新能力受联盟组合网络特征的影响，为了准确地刻画焦点企业所处环境的动态特征，以及该动态特征对创新能力的影响，本书把环境动态性界定为"企业所处环境的不稳定程度和不确定性"，具体包括两个方面：一是市场需求动态性，其含义是顾客构成及其偏好的变化速度和变化的不确定性；二是技术发展动态性，其含义是行业主导技术变迁的变化速度和变化的不确定性。市场需求动态性和技术发展动态性又可以分为高、中、低三个水平。其中，高水平环境动态性下的市场需求和技术发展变化频繁，变化趋势难以预测；低水平环境动态性下的市场需求和技术发展变化缓慢，变化趋势可以预测；中等水平环境动态性下的市场需求和技术发展的变化速度和不确定性介于前面二者之间。

1.3.2.4 技术战略导向

技术战略既是企业的核心战略之一，也是企业为实现其商业目标而设置的技术总目标以及为实现这一总目标而采取的行动总路线。根据企业技术战略目标、研发投入强度、研发人员素质和新产品开发能力的不同，技术战略导向可以有高、中、低三类划分。其中，高技术战略导向的企业致力于成为行业技术的领先者，研发投入规模大，研发人员素质高，新产品开发能力强；中等技术战略导向的企业拥有提高企业技术能力的动力和意愿，有一定的研发投入，研发人员素质中等，有一定的新产品开发能力；低技术战略导向的企业提高技术能力的意愿小，研发投入少，研发人员素质低，基本不具备新产品开发能力，只能维持现有产品的生产。

1.3.2.5 企业创新能力

Schumpeter（熊彼特）创新理论提出了三种创新形式：一是技术创新

（Technological Innovation），即开发新产品、采用新工艺和获得新供给来源；二是市场创新（Market Innovation），即开拓新的市场；三是组织创新（Organizational Innovation），即建立新的组织形式。本书主要针对技术创新，即"以技术构思新颖和商业转化成功为特征的有意义的非连续事件"（傅家骥和程源，1998）。可见，技术创新包括新技术的产生和商业化的实现两个阶段，新技术的产生能力和新技术的商业化实现能力共同构成了企业创新能力。从上述两个维度来考察焦点企业创新能力，既有利于建立创新能力的测度指标，又能够准确地反映各个技术创新阶段的效果，还便于持续、动态地观测技术创新能力的演变。

1.3.3 技术路线

针对本书拟解决的核心问题——如何建立合适的联盟组合以促进企业创新能力的提升，通过文献研究和实证分析，相应解析联盟组合网络特征对企业创新能力的影响机制和演变特点，本书的技术路线如图 1-1 所示。

首先，在介绍研究背景的基础上提出本书的研究问题，即如何建立合适的联盟组合以促进企业创新能力提升。其次，通过文献分析和企业调研，确立本书联盟组合网络特征分析构架，并在此基础上构建联盟组合网络特征影响企业创新能力的概念模型，进而系统地提出联盟组合网络特征与企业创新能力的关系假设、组织学习的中介作用假设，以及环境动态性和技术战略导向的调节作用假设。再次，通过问卷调查收集截面数据，运用结构方程建模和多元回归分析，对概念模型和研究假设进行检验。与此同时，考虑到截面数据是静态数据，其并不能很好地反映联盟组合网络特征、组织学习和创新能力的动态演化关系，不能从纵向上对理论推断进行验证，故而本书从演变的视角，通过单案例纵向研究法再次对本书的概念模型和研究假设进行验证，以确保实证研究的全面性。最后，总结本书的主要研究结论、理论贡献与实践启示，并指出本书的研究局限和未来进一步努力的方向。

1.3.4 研究方法

综合研究目标和内容，本书拟采用以下五种研究方法：

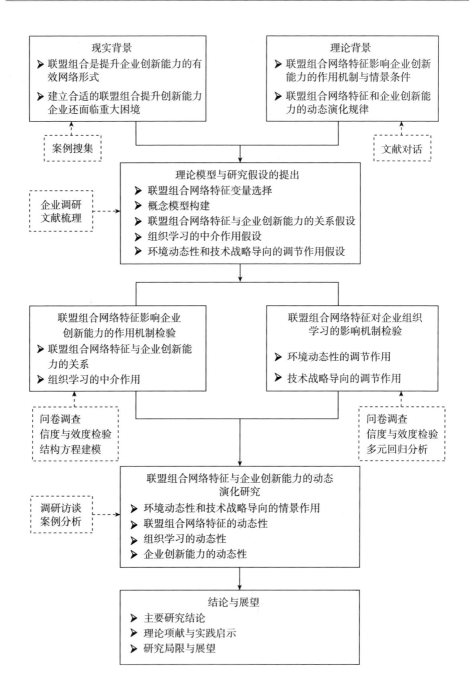

图 1-1　本书的技术路线

（1）文献研究法。通过对与本书研究问题紧密相关的文献分析，梳理了联盟组合理论、组织学习理论、环境动态性和技术战略导向理论以及创新理论的主要内容和相互关系，从而为研究问题的提出、关键变量的内涵界定、特征变量的选择、测量方式的选定、后续理论模型的建立、理论假设的提出，以及统计分析研究和案例研究的开展提供理论依据。

（2）访谈调查法。在文献研究的基础上，使用经过大量实证研究验证过的量表作为本书核心构念的问卷量表。此外，通过到相关企业围绕联盟组合网络特征、组织学习、环境动态性、技术战略导向和创新能力的关系问题开展实地调查访谈，对量表予以修正和纯化，推动信度和效度的提升。

（3）问卷调查法。在文献研究和实地调研访谈的基础上，设计初始问卷，并在小范围内开展预调研。通过对预调研回收数据的分析，对量表的信度和效度进行检验，并根据检验结果对量表进行修订而确定最终问卷。接下来，进行大范围的问卷发放，为后续的统计分析提供大样本数据。

（4）统计分析法。本书综合运用 SPSS 22.0 和 AMOS 20.0 统计软件，对量表的信度和效度进行检验，并使用结构方程模型和多元回归分析，对此前建立的联盟组合网络特征对企业创新能力的直接效应、中介效应和调节效应模型予以验证，同时获得统计分析研究结论。

（5）案例分析法。根据对象的典型性、资料的充分性及其获取的可行性三项标准，选择一家从事技术创新的代表性企业作为分析样本，通过典型企业的单案例纵向研究验证全书的理论模型，并从演变视角探讨联盟组合网络特征对企业创新能力的影响。

1.4　内容安排

围绕研究主题，根据拟订的技术路线，本书的研究内容分为七章，具体安排如下：

第 1 章为绪论。阐述开展联盟组合网络特征与企业创新能力关系研究的背景及意义，提出拟研究的关键问题并确定全书的研究主线，明确研究目标、思路、方法和主要研究内容，开展关键概念的内涵界定，并对可能做出的创新性贡献予以阐述。

第2章为文献综述。分析国内外关于联盟组合、组织学习、环境动态性和技术战略导向的研究进展、核心观点与发展趋势，界定相关概念的内涵，厘清概念之间的关系，评述现有研究存在的局限，进而确定本书的研究空间和探索方向。

第3章为概念模型与研究假设。基于系统的文献分析，确定联盟组合网络特征的变量选择，建立联盟组合网络特征影响企业创新能力的概念模型，提出联盟组合网络特征与企业创新能力的关系、组织学习的中介作用，以及环境动态性和技术战略导向的调节作用三个理论假设。

第4章为研究设计与方法。在概念模型构建的基础上，对统计分析研究相关的问卷设计、变量测量、预调研、数据收集与分析等环节的主要任务及技术手段予以明确，为后续的统计分析提供数据和方法基础。

第5章为数据分析与结果讨论。首先，开展变量的信度和效度检验，以保证数据分析结果的可靠性；其次，验证本书的概念模型和研究假设，以揭示联盟组合网络特征影响企业创新能力的作用机制；再次，基于企业外部的环境动态性和企业内部的技术战略导向，对联盟组合网络特征变量与两类组织学习关系的调节效应进行验证；最后，汇总实证检验结果，对三个理论假设的检验结果进行讨论，建立联盟组合网络特征对企业创新能力演化的作用机制模型。

第6章为联盟组合网络特征与企业创新能力动态演化案例研究。基于数据统计分析结果，以京东方科技集团股份有限公司（BOE）作为分析样本，通过典型企业的单案例纵向研究，探讨焦点企业面对外部环境和内部技术战略的变化，以及如何实施组织学习平衡的动态调整，以实现与联盟组合网络特征的匹配，进而提升自身的创新能力。

第7章为研究结论与展望。概括本书的主要结论、理论贡献与实践启示，以及本书的不足之处和未来需要进一步研究的方向。

1.5 主要创新

本书在现有理论的基础上，围绕拟解决的关键问题，重点开展了三个方面的研究：一是构建"伙伴多样性—联结强度—网络规模"的三维联盟组合网络特征分析构架，建立包含组织学习的中介效应模型，以及环境动态性和技术战略导向的调节效应模型，进而系统地提出了理论假设；二是运用统计分析法和单案例纵向研究法对理论假设进行实证研究，对上述理论推断进行有效验证；三是通过定量与定性相结合的研究方法，对相关理论做出更加全面的归纳。相较于此前的研究，本书可能做出的创新性贡献有以下三点：

其一，揭示了组织学习是联盟组合网络特征影响企业创新能力的关键路径，在一定程度上有效解决了企业如何在联盟组合中提高创新能力的难题。

目前，较少有学者在多维分析框架基础上探析联盟组合网络特征对企业创新能力影响的本质过程。本书构建了"联盟组合网络特征—组织学习—创新能力"的中介效应模型，探讨联盟组合网络特征对企业创新能力提升的作用过程，并通过实证研究对组织学习所发挥的中介作用予以检验。通过揭示联盟组合网络特征影响企业创新能力的作用机制，明晰了企业从蕴含在联盟组合中实现创新价值的关键因素是组织学习的开展情况，这一发现有助于深化企业依托联盟组合促进技术创新的作用机制研究，将推动"联盟组合中的焦点企业究竟应该通过何种途径提高创新能力"这一问题的有效解决。

其二，同时考虑外部环境特性和内部组织特性对联盟组合创新效应发挥的情景作用，对企业根据不同的环境动态性和技术战略导向构建有效的联盟组合网络和组织学习模式有重要的参考价值。

目前较少有研究同时从企业外部环境和内部环境的权变视角考察联盟组合发挥作用的依存条件。本书构建了外部环境动态性和内部技术战略导向情景下，联盟组合网络特征影响组织学习的调节效应模型，并通过实证研究进行了模型检验。这一调节机制的明确，深化了对企业联盟组合网络特征影响组织学习的外部和内部作用情景的理解，并为企业根据外部环境特点和内部技术战略，有效调整联盟组合配置以实现相应的组织学习目标提供了理论依据，拓展了联盟组合与组织学习关系的研究视角，丰富了相关理论研究成果。

其三，探明了联盟组合网络特征、组织学习和企业创新能力的动态演化规律，为企业长期通过动态调整组织学习平衡模式与联盟组合网络特征匹配以持续提升企业创新能力提供了理论基础。

目前，鲜有研究从动态的角度探讨联盟组合对企业创新能力的影响。然而，随着外部环境和技术战略导向的变化，焦点企业需要动态调整联盟组合的伙伴选择、伙伴间关系和网络结构，才能获取创新能力提升所需的适配性资源。而联盟组合中蕴含的资源并不会自动转化成企业的创新能力，只有当企业根据联盟组合网络特征动态地调整其组织学习模式，才能有效地获取网络资源中的创新价值，最终为创新能力持续提升提供不竭动力。在我国大部分企业尚属于后发企业并以二次创新为主要创新模式的现实背景下，揭示焦点企业的联盟组合网络特征、组织学习模式和创新能力在"二次创新的动态过程中，以及外部环境和技术战略导向的具体变化情况下"的动态演化规律，将有效指引企业在面对内外部条件变化时，可根据联盟组合特征动态调整组织学习模式，从而持续地推进二次创新演进和创新能力的提高。这也将纵向拓展联盟组合网络特征与企业创新能力关系的研究，并对联盟组合、组织学习和技术创新理论做出有益的补充。

本章小结

本章阐述了构建合适的联盟组合对于我国企业实现创新能力提升的现实意义和理论意义，明确了本书拟研究的主要问题、研究的目的、核心概念、技术路线、方法和章节布局，陈述了本书可能做出的创新性贡献外，为研究的整体展开做了较为充分的铺垫。

❷
文献综述

　　本章通过文献研究力求厘清本书与已有研究成果之间的理论继承、完善和扩展关系。首先，对联盟组合的内涵、成因、网络特征及其与企业创新的关系进行了综述，界定了本书所采用的联盟组合的内涵，厘清了联盟组合形成的原因和网络特征，为本书联盟组合网络特征的选择和分析框架的确定奠定了基础。其次，对探索性学习与利用性学习的内涵及其与联盟关系的相关文献进行述评。再次，对环境动态性和技术战略导向的内涵及其与企业创新的关系进行介绍。最后，对上述研究进行评述与总结，以明确本书分析框架和研究思路。

2.1　联盟组合相关研究综述

2.1.1　联盟组合的内涵

　　自 Gulati（1998）在 *Allianc and Network* 一文中正式提出"联盟组合"（Alliance Portfolio）后，诸多学者运用资源依赖理论、动态能力理论、社会网络理论、交易成本理论、演化经济学理论、组织学习理论、权变理论、契约理论、代理理论和协同演化理论等理论对这一现象展开了系统的研究，并形成了丰富的研究成果（Wassmer，2010）。然而，联盟组合研究视角与理论的多样化，导致了联盟组合概念的多样化，目前学术界对联盟组合的定义仍未达成共识。但是，总体来说联盟组合的定义可以大致分为以下两种（见表2-1）。

表2-1　联盟组合的定义

研究视角	定义	代表学者
累积整合视角与社会网络视角	所有与焦点企业有直接联系的联盟构建的自我中心性联盟网络	Doze 和 Hamel（1998）；George 等（2001）；Lavie（2007）；Lavie 和 Miller（2008）；Wassmer 和 Dussauge（2011）；Rowley 等（2000）；Baum 等（2000）Parise 和 Casher（2003）；张光曦（2013）
组织学习视角与时间脉络视角	焦点企业积攒联盟经验的对象	Kale 等（2002）；Reuer 和 Ragozzino（2002）；Hoang 和 Rothaermel（2005）

（1）累积整合视角与社会网络视角下的联盟组合。从累积整合视角出发的研究认为，联盟组合是以焦点企业为中心，并与焦点企业发生直接联系的所有联盟的集合（詹也，2013；韩炜和邓渝，2018）。例如，Doz 和 Hamel（1998）认为，联盟组合是焦点企业参与的一系列双边联盟的总和；George 等（2001）则认为，联盟组合是一个企业所有的战略安排和关系；Lavie（2007）与 Lavie 和 Miller（2008）认为，联盟组合是一个企业的直接联盟的集合。上述联盟组合的概念突出了"从焦点企业出发""直接联盟"和"累积的"三个核心要素。社会网络研究者将联盟组合界定为包含这三个核心要素的自我中心性联盟网络（Ego Network）。例如，Baum 等（2000）和 Rowley 等（2000）认为，联盟组合是与伙伴企业有直接联系的自我中心式联盟网络；Parise 和 Casher（2003）认为，联盟组合是焦点企业业务伙伴组成的网络；张光曦（2013）认为，联盟组合是焦点企业在自我中心联盟网络中所有直接联结关系的总和。可见，社会网络研究者认为联盟组合除具有累积整合视角下的特点外，还是焦点企业与合作伙伴发展直接联盟关系自我强化的特殊网络形式，构建过程中服从于焦点企业的战略安排，具有组织和网络的双重属性。

（2）组织学习视角与时间脉络视角下的联盟组合。从这类视角出发的研究认为，联盟组合是焦点企业积攒联盟经验的对象（詹也，2013；韩炜和邓渝，2018）。例如，Reuer 等（2002）认为，联盟组合是企业累积的国际合资企业经验；Hoang 和 Rothaermel（2005）将联盟组合定义为焦点企业所累积的联盟经验。这种定义的联盟对象横向上包括间接联结伙伴，纵向上包括过去终结的、现有活跃的以及休眠的全部联结伙伴，在联盟效应中强调焦点企业的学习效果（杜欣，2017；韩炜和邓渝，2018）。

累积整合视角和社会网络视角对联盟组合的界定更加关注联盟组合的构成关系与结构。而组织学习视角和时间脉络视角下的联盟组合的研究则更加关注焦点企业在联盟组合的形成与发展过程中的知识积累和能力产生（Reuer et al.，2002；Hoang and Rothaermel，2005；Kale et al.，2002；Jack，2005）。

由于本书的研究目的是探讨焦点企业应配置怎样的联盟组合以最大限度地增强自己的创新能力并获得持续性的竞争优势，同时考虑到核心变量测度的可行性与准确性，本书更加偏重于从累积整合视角和社会网络视角来界定联盟组合。因此，本书把联盟组合定义为：在给定时间段内，以焦点企业为中心的与焦点企业有直接联系的所有双边联盟组成的联盟网络。

由于双边联盟、联盟网络等术语与本书对联盟组合的定义相似，为了防止概念间的混淆，本书将联盟研究领域中相近的概念做了辨析（见表 2-2）。

表 2-2 相关概念辨析

概念	分析单元	定义	图示
双边联盟	二元联结	两个成员为实现共同目标而建立的以资源和能力共享为基础，收益共享、风险共担的合作关系	
多边联盟	整体网络	3个及3个以上成员为了共同目标而建立的以资源和能力共享为基础，收益共享、风险共担的合作关系	
联盟网络	整体网络	行动者之间组成的联盟集合	
联盟组合	自我中心网络	在给定的时间段内，以焦点企业为中心的与焦点企业有直接联系的所有双边联盟组成的联盟网络	

资料来源：杜欣.网络视角下联盟组合创新合作行为的演化与创新绩效研究［D］.电子科技大学博士学位论文，2017；詹也.联盟组合管理能力对企业绩效的作用机制研究［D］.浙江大学博士学位论文，2013.

双边联盟（Bilateral Alliance）和多边联盟（Multinational Alliance）是指联盟中所有成员具有同一个战略目标，成员间具有直接联结关系。如果一个伙伴与另一个伙伴建立联盟关系，那么组建的就是双边联盟，例如，海尔和三洋在2002年建立了21世纪战略伙伴关系，成立了三洋—海尔股份有限公司，互相推动家电产品进入对方国家的市场，同时促进了双方在生产领域的深入合作；如果一个伙伴与多个伙伴同时建立相互间的联盟关系，组建的就是多边联盟，例如，海尔、中国移动、华为、保利4家企业于2019年正式组建了多边战略联盟，致力于通过技术共享和各自优势的发挥，共同为用户打造5G智慧生活平台和解决方案。

联盟网络（Alliance Network，Alliance Web，Web of Alliances），包含了伙伴间的直接关系和间接关系，往往是指无焦点企业作为中心的整体网络，更强调以联盟为主要联结方式的网络整体构成，联盟目标可以多样化。例如，成都电子信息产业功能区就是一个大规模的联盟网络，功能区内聚集了新一代信息技术企业，以及与之互动关联的合作企业、供应商、大学、科研机构和行业协会等。

联盟组合（Alliance Portfolio）本质上是一种特殊的自我中心联盟网络，强调利用整体组合效应提升焦点企业以及整个组合的价值创造，联盟目标多样化。例如，大唐移动是TD—SCDMA、TD—LTE标准的核心技术主导者，随着大唐移动技术能力的提高，吸引了越来越多的企业与之合作，使得合作网络的规模扩大、密度增加、路径增多。但是，大唐移动始终占据着网络中心位置，在网络中扮演中间人角色，对网络间的信息、资源进行有效控制，最大化地利用组合价值（詹坤等，2016）。

2.1.2　联盟组合的成因

鉴于联盟组合是所有双边联盟组成的联盟网络，因此，既有的单联盟形成原因都可以在一定程度上作为联盟组合的成因。但是，联盟组合毕竟是若干个单联盟的组合形式，很可能另有自己的形成原因（Wassmer，2010），对此需要进一步讨论联盟组合的成因。目前，根据分析层面的不同，有关联盟组合形成原因的解释主要包括两大类：一类是企业战略层面的解释；另一类是企业治理层面的解释。

2.1.2.1 企业战略层面的联盟组合成因

企业战略层面对联盟组合形成原因的分析，主要从企业构建联盟组合是为了实现提高竞争能力的战略目标角度展开的，其理论基础主要包括以下五种：

第一，资源基础理论（Resource-based View）强调企业内部异质性资源是企业保持竞争优势进而产生收益的基础。拥有战略性异质资源是企业赢得竞争优势的关键（Barney，1991），但有些无形的资源和隐性的知识既不能自由流动也无法通过市场交易取得，焦点企业通过组建联盟组合，在联盟内进行资源的整合与配置，从而获取急需的战略性异质资源（Wassmer and Dussauge，2012）以及改变自身能够控制的资源深度和广度（Lavie et al.，2007）。除此之外，企业外界环境是快速变化和不确定的，焦点企业可以通过组建联盟组合来打造动态能力（Teece et al.，1997），即在联盟内整合、构建、重新配置企业内外部资源以分散风险和减少不确定性（Hoffmann，2007；Ozcan and Eisenhardt，2009），从而尽可能大地提升组织绩效。

第二，资源依赖理论（Resource Dependency Theory）认为，任何一个企业都不可能拥有发展所需的全部资源，组织必须通过与环境的互动来获取资源以维持生存，这加深了组织对环境的依赖，从而迫使组织需要尽力稳定甚至控制关键资源供应，以减少不确定性（Pfeffer and Salancik，1979）。焦点企业通过构建联盟组合既可以从联盟中获取资源，也可以通过自我中心的位置优势控制资源流动的关键渠道，从而帮助焦点企业有效降低资源依赖产生的威胁。然而，该理论未能解释焦点企业与资源禀赋匮乏的合作伙伴构建高效联盟组合的现象（Ozcan and Eisenhardt，2009）。

第三，社会网络理论（Social Network Theory）主要包括嵌入性理论、结构洞理论和社会资本理论。其一，从嵌入性视角来看，企业的一切经济活动都嵌入社会关系中（Granovetter，1985），为了解决信息不对称带来的联盟伙伴选择难题，焦点企业倾向于与嵌入同一社会关系中的伙伴建立新的联盟关系来扩大联盟组合的某一部分（Goerzen，2007）。与此同时，网络嵌入性高的企业社会声誉和地位往往较高，从而更能吸引优秀的伙伴与之建立联盟（Ozcan and

Eisenhardt，2009）。其二，从结构洞视角来看，由于焦点企业处于联盟组合的核心位置，从而拥有网络中最多的结构洞。焦点企业凭借其占据的大量结构洞位置，拥有了联盟组合中最大的信息优势和控制优势，这些优势使焦点企业可以快速获取企业长期发展所需的异质性资源，并通过控制不相连企业之间的信息流动，使自己获取网络成员间的"第三方渔利"。其三，从社会资本视角来看，焦点企业通过构建联盟组合而建立起大量社会关系，其在本质上是联盟伙伴间通过长期积极互动产生的、能够影响所有伙伴的资源，因此，社会资本的增加能够加深联盟伙伴间的信任，强化焦点企业获取外部资源的能力，影响联盟组合的形成和后期治理（Lavie，2007）。

第四，组织学习理论（Organizational Learning theory）认为，联盟组合的形成并不仅是为了突破资源和环境约束，另一个重要原因是出于企业对资源可获得性的考虑。由于知识、经验等隐性资源具有复杂性、默会性和专属性等特征，使得其难以交易与转移，从而产生了资源的不可获得性问题。而组织学习可以有效进行知识等隐性资源的收集、整合和利用，组建联盟组合，建立伙伴间的合作关系，通常是进行组织间学习和知识与经验相互转移的有效平台（Gulati and Sytch，2007；Jarvenpaa and Majchrzak，2016）。

第五，有研究发现，创业导向（Entrepreneurial Orientation）强的企业比创业导向弱的企业更有可能建立联盟组合。例如，上市的企业通过与社会地位高、声誉好的伙伴建立联盟组合可以向投资者和市场释放有关企业能力的信息，从而有效地增强新进 IPO 企业在资本市场的合法性（Mouri et al.，2012）。Khaire（2010）通过分析 1977~1985 年芝加哥和纽约初创企业的面板数据发现，创业企业在联盟组合中获得资源合法性以及地位可以显著提高它们的生存率。因此，创业导向战略的实施是促使企业构建联盟组合的一个重要原因（Wassmer，2010）。

2.1.2.2 企业治理层面的联盟组合成因

企业战略层面的联盟组合成因研究大多假定企业是有限理性的，其组建联盟组合的动因是实现股东利益最大化。但是，企业治理视角下的联盟组合成因分析认为，企业组建联盟组合是企业管理者为了扩大自身利益，其理论基础是代理理论（Real Options Theory）。代理理论认为"企业经理人可能通过创建和扩张联盟组合谋取私利"。例如，Reuer 和 Ragozzino（2006）发现，所有权和经营权的分离促进了联盟组合的构建。

综上所述，联盟组合是企业为提升竞争力而做出的战略部署，是企业获取战略资源、降低不确定性、分散风险和激发联盟间协同效应从而获取更多的总体联盟收益的决策和行动结果。尽管现有的联盟组合成因研究呈现出基础理论多、大多伴随二元联盟解释的路径依赖，但学者仍普遍认为联盟组合的主要成因是实现企业战略目标以及提高核心竞争力。

2.1.3 联盟组合网络特征

学者们在进行联盟组合的相关研究时，根据其研究目的的不同而选取不同的联盟组合网络特征，概括起来主要有以下三种：①联盟伙伴，即联盟成员自身的资源禀赋、多样性以及在网络中的位置等（Mouri et al.，2012；Faems et al.，2012；Oerlemans et al.，2013；Hagedoorn et al.，2018；Lavie，2007；Jiang et al.，2010；Andrevski et al.，2016）。②联盟关系，包括联盟伙伴间的联系强度、活跃程度、竞争程度与熟悉程度等（Lavie，2009；Zheng and Yang，2015；韩炜和邓渝，2018；Hoffmann，2007；Andrevski et al.，2016；Castro et al.，2015）。③联盟结构，包括联盟规模、密度等（Hoffmann，2007；Andrevski et al.，2016）。其中，联盟伙伴、联盟关系和联盟结构分别是从联盟组合成员自身层面、伙伴间层面与网络整体层面对联盟组合特征展开分析。根据社会网络理论，在刻画联盟组合特征时，可以把联盟组合具体化为点（Node）、线（Line）、面（Plane）三个层面，"点"表示单个节点，"线"表示两节点之间的联系，"面"表示联盟组合网络整体（江积海和刘风，2013），相应的分析维度则分为节点维度、关系维度和结构维度。尽管学者们在研究联盟组合时所采用的分析维度不同，但正如 Gulati 等（2000）所指出的，上述联盟组合的每一个分析维度都是焦点企业获取不可模仿的价值资源的重要源泉。基于以上认识，此处对三种分析维度下的联盟组合网络特征做具体说明，并以此为基础搭建本书的联盟组合网络特征分析框架。

2.1.3.1 节点特征

根据本书对联盟组合的定义，与焦点企业发生直接联系的伙伴构成网络节点，网络节点的资源禀赋、异质性、网络中心性和拥有结构洞的数量等个体特点都会影响焦点企业在网络中可获资源的种类、数量和质量，从而影响焦点企业的绩效与能力。

（1）资源禀赋（Resource Endowment）。资源禀赋可细分为焦点企业和联盟伙伴投入联盟组合的共享资源以及各自拥有的非共享资源（Lavie，2007）。焦点企业可以直接利用联盟组合中的共享资源创造价值，而且具备利用非共享资源创造价值的可能性。可见，资源禀赋更加强调焦点企业在联盟组合网络中可支配资源的数量。

（2）伙伴多样性（Diversity）。伙伴多样性是指焦点企业的联盟伙伴在功能、行业、体制属性、技术、治理结构、地域和组织特点等个体特征上存在的差异性（杜欣，2017；Faems et al.，2012；Jiang et al.，2010；Leeuw et al.，2014）。不同类型、行业、体制和地域的网络节点提供的资源往往是不同的，伙伴多样性更加关注联盟组合成员可支配资源的性质。联盟成员根据功能的不同，可以分为供应商、客户、竞争对手及政府等。焦点企业的体制属性可以是国有企业、民营企业、三资企业或集体企业。

（3）网络中心性（Centrality）。网络中心性衡量的是单个节点在网络中的中心化趋势，可以反映联盟组合中个体节点的重要性、优越性、社会声望、吸引力以及争取和控制资源的能力（Scott，2012）。

（4）结构洞（Structural Hole）。结构洞是指两个关系主体之间的非重复关系。若两者之间缺少直接联系，则需通过第三者才能建立联系，付诸行动的第三者在关系网络中就占据了一个结构洞。居于结构洞位置的主体将获得非冗余的资源，并加强对这些资源的控制，从而在竞争中保持优势（Burt，1992）。联盟组合是与焦点企业有直接联系的所有双边联盟的联盟网络，因此焦点企业应该是占据结构洞最多的网络节点，这一位置优势决定了焦点企业有能力规划、控制和利用联盟组合中的信息及优质资源，以达到提高创新能力的目的。

2.1.3.2 关系特征

关系特征主要考察联盟组合中相互联结的伙伴间的紧密度和活跃程度，即强关系、弱关系、潜关系、隐关系以及伙伴竞争程度和熟悉程度等特征。

（1）强联结（Strong Tie）与弱联结（Weak Tie）。强联结与弱联结的概念来自 Granovetter（1973）的开创性研究，他通过"在某一联结上所花的时间、情感投入程度、亲密（信任）程度以及互惠性服务等的综合"来定义这两个概念。具体而言，强联结是指行为主体之间长期、频繁、密切的相互作用，包含着高度的信任、互惠和社会资本，促进了焦点企业与联盟伙伴之间复杂而隐性的知识交流；弱联结是指行为主体之间短期的、不常见的、不深入的联系，可以帮助焦点企业联结到陌生的、新颖性的知识领域，从而提高创新绩效（Granovetter，1973；Capaldo，2007；Moran，2005）。

（2）潜联结（Potential Tie）和隐联结（Latent Tie）。潜联结是指焦点企业在扩展联盟伙伴关系时，识别到的有可能进一步建立正式联盟关系的联结关系。隐联结是焦点企业已经建立但暂时不太活跃的联盟关系，随着内外环境的变化，伙伴之间会重新开展频繁密集的互动的联结关系（Mariotti and Delbridge，2012）。

（3）竞争性联结（Competitive Tie）。竞争性联结是指焦点企业与具有较高水平地位重叠的企业建立联盟关系，由于大家占有相似的技术与资源，在同样的市场范围内提供相似的产品或服务，彼此之间具有较高水平的可替代性，这将最终转化为焦点企业的议价能力和控制力，进而影响焦点企业的资源整合水平和创新绩效（Gimeno，2004）。

（4）重复性联结（Repeated Tie）。焦点企业与同一个联盟伙伴建立多个联盟，这种重复关系反映了彼此的熟悉程度，这种重复联结强化了彼此之间的信任和依赖程度，从而促进资源共享，促进企业创新绩效。但过多的重复联结也会锁定关系并封闭知识来源，抑制企业创新（Zheng and Yang，2015；韩炜和邓渝，2018；Castro et al.，2015）。

2.1.3.3　结构特征

结构特征主要考察联盟组合成员构建的相对稳定的整体构架，可以用网络规模、网络密度等测量。

（1）网络规模（Size）。在图论中，与某个点有直接联结关系的点的个数总和为该点的度数，度数是该点邻域规模的直接测度，即度数越高，该点的网络规模越大。网络规模往往代表着联盟组合网络中蕴含的资源丰裕程度

（Scott，2012）。

（2）网络密度（Density）。网络密度是指图中实际拥有的点的连线数与最多可能拥有的点的连线数的比例。网络密度反映了联盟组合中各个伙伴节点之间的总体关联程度和凝聚力（Scott，2012）。通常可以通过网络密度大小来判断联盟组合网络是紧密型还是松散型。

2.1.4　联盟组合网络特征与企业创新的关系

现有研究普遍认为，联盟组合网络特征对企业创新有着重要影响（Sarkar et al.，2009），影响机制呈现出多样性与复杂性，且这些影响机制的发挥多受企业外部和内部存在的权变因素的调节。除此之外，有学者用演变的视角考察联盟组合网络特征与企业创新的关系，试图寻找二者之间的动态演变规律。本节以前文介绍的三个维度的联盟组合网络特征为基础，梳理了联盟组合网络特征与企业创新关系的相关研究，在此基础上总结出联盟组合网络特征与企业创新关系研究存在的不足。以上工作可以为本书后续研究的概念模型和研究假设的提出提供思路和依据。

2.1.4.1　联盟组合节点特征与企业创新的关系

企业创新与联盟伙伴资源禀赋、伙伴多样性、成员在联盟组合中所处位置的中心性、是否占据结构洞的位置、年龄等节点特征有关。

第一，在创新研究中，伙伴多样性是引入最多的一个节点特征变量。这方面早期的研究主要在于探寻伙伴多样性与焦点企业创新绩效的关系，典型成果如 Parise 和 Casher（2003）研究发现联盟伙伴类型的多样性与企业生产率和创新绩效呈倒"U"形关系。Lavie 和 Rosenkopf（2006）认为，焦点企业与高校、研究机构等伙伴建立联盟关系有利于从事探索性的合作活动，从而提高技术研发能力；与客户、供应商等伙伴建立联盟关系有利于开展利用性的合作活动，从而提高产品技术创新能力。在横向上，焦点企业与同行业竞争对手建立联盟关系，则有利于共同建立平台和行业标准，共享产业专有知识，从而促进创新（Kim and Higgins，2007）。

随后，研究者们开始将关注的重点转向联盟伙伴多样性与企业创新绩效关系的作用机制以及作用机制发挥作用的边界条件上。代表性的研究成果包括：Cui 和 O'Connor（2012）认为，联盟组合中信息与资源的共享程度是影响资源多样性和企业创新绩效关系的关键路径，并且联盟功能异质性、联盟伙伴国别分布的分散性和市场环境的不确定性会负向调节二者的正相关关系，而焦点企业对联盟的控制力以及联盟管理功能会强化二者的正相关关系。Oerlemans 等（2013）指出，联盟组合伙伴种类多样性与企业颠覆性创新和渐进性创新绩效都呈倒"U"形关系，技术管理正向强化联盟组合伙伴多样性对企业创新成果的积极效应。Wuyts 和 Dutta（2014）认为，联盟组合伙伴多样性与产品创新呈倒"U"形关系，这种关系受企业内部价值创造能力的影响，其强调内部知识创造与外部知识来源相结合，内部知识创造对先前行业知识和专有知识的依赖弱化了这种倒"U"形关系，而依靠更近期的、多元化的知识来加强内部知识创造强化了这种倒"U"形关系。Martinez 等（2017，2019）认为，联盟组合多样性通过与 R&D 相关人力资本及社会资本的部分中介作用与企业创新绩效呈倒"U"形关系，并且指出在高技术产业环境中，为了实现突破性技术创新，企业更需要构造多样化的联盟组合。该研究强调了企业内部能力在利用外部知识中的重要性。Subramanian 和 Soh（2017）认为，焦点企业与联盟伙伴间以及联盟伙伴间的探索性联盟经验强化了联盟组合技术多样性与重组创新的正相关关系，但当超过半数的联盟伙伴和焦点企业有过往联系时，这种正向强化作用会被削弱。他们建议创新型企业在重组创新的过程中，需要平衡好搜寻新知识和利用联盟经验这两种活动。殷俊杰和邵云飞（2017）认为，多样性的联盟伙伴与企业创新绩效呈倒"U"形关系，创新搜索强度和联盟惯例正向强化了这种非线性关系。Hagedoorn 等（2018）把联盟组合多样性分为伙伴类型差异性和伙伴类型相关性两个维度，他们认为这两个维度与企业创新绩效都呈倒"U"形关系，但当联盟组合伙伴同时呈现出高类型差异性和高相关性时，企业创新绩效会被削减。同时，产业模块化水平和知识分布范围正向调节联盟伙伴类型差异性与企业创新绩效的倒"U"形关系，产业模块化水平负向调节联盟伙伴类型相关性与企业创新绩效的倒"U"形关系。Chung 等（2019）指出，联盟组合多样性在达到一定临界值后才能起到促进创新的作用（即"U"形曲线关系），焦点企业搜索惯例强化了这种关系，而焦点企业技术能力则弱化了这种关系。

总之，联盟组合伙伴多样性与企业创新绩效的关系并未取得一致的研究结论，甚至有些结论还是相互矛盾的。总的来说，正如 Lee 等（2017）在运用 Meta 分析法分析了近年发表在重要国际期刊上的有关联盟组合多样性与企业绩效的文章后所指出的那样，联盟组合多样性和创新绩效的关系结论受研究的理论基础、绩效的分析水平和测量方法以及联盟组合多样性的操作化定义的影响。但是，总体上，如果能够加强企业内部能力建设、提高知识搜索强度、适应联盟惯例、控制成本等，联盟组合多样性的创新效应是积极的。

第二，关于网络中心性与企业创新的关系，有两种不同的观点。一种观点认为，占据中心地位的企业可以通过多种途径高效地获取、整合和重新配置分散于现有网络中的具有较高价值的知识、信息等资源（Rossi et al.，2018；Phelps et al.，2012），同时可以提升自身对于潜在合作对象的吸引力，以扩大未来资源获取范围（Lai and Weng，2013），有利于企业创新绩效提高。另一种观点则认为，占据中心地位的企业可能面临关键信息外泄的风险（何美贤，2014），并且容易受网络共同规范的制约和陷入过度嵌入导致的锁定效应中（曾德明和文金艳，2015），因此当网络中心性超过某个阈值时可能对焦点企业创新活动产生抑制作用。

第三，对于结构洞来说，占据结构洞位置的企业在网络中具有明显的控制优势，其可以通过桥接网络中彼此互不相连的企业获取对非冗余资源的控制（Burt，2015），提高结构洞两端企业对自身的依赖性和企业参与联盟活动的主动性及积极性（孙笑明等，2014），以提高焦点企业创新绩效（庞博，2018）；然而，占据结构洞位置的企业也易产生机会主义倾向，从而抑制合作创新绩效（应洪斌，2016）。

第四，除了联盟组合伙伴多样性（或异质性）和网络位置这些分析较多的伙伴特征外，Guisado-González 等（2019）着重考察了联盟组合伙伴年龄的作用，发现随着企业生存期限的延长，虽然企业的资源禀赋和效率会增加，但组织惰性也会增强，加之组织惯例固化，会导致企业对环境变化反应不灵敏，从而倾向于利用现有技术能力，而不是探索新的技术。因此，年龄也是非常重要的创新绩效影响因素，具体来说就是，如果建立探索导向的联盟，则易于与年轻的伙伴联盟，如果建立利用导向的联盟，则易于与成熟的伙伴联盟，这都将产生高的创新效应。

2.1.4.2 联盟组合关系特征与企业创新的关系

现有研究主要考察了联盟成员间联系的紧密程度、伙伴竞争程度和熟悉程度等关系特征与企业创新的关系。

最早的联盟组合关系特征研究主要集中在联盟成员间联系的紧密程度上，即联盟成员联结关系的强弱。但是，强联结和弱联结与企业创新绩效关系的研究结论并未达成一致。部分学者认为，关系越强越有助于创造关系租，以促进伙伴间缄默知识的共享、信任的增强和冲突的解决等（Lavie，2009；Faems et al.，2012），从而提高企业创新绩效。不过，也有学者指出，强关系是一把"双刃剑"，一方面能带来前述好处，另一方面也会产生过度资源依赖、降低柔性和市场响应能力、催生同质化的封闭网络等负面影响（Capaldo，2007；Tiwana，2008），不利于企业创新绩效的提高。但是，Haider 和 Mariotti（2016）以知识观和动态能力理论为基础，通过选取巴基斯坦汽车产业里的两个典型企业进行多案例对比分析指出，企业建立联盟组合的目的是满足知识需求，焦点企业保持与熟悉伙伴的联盟可以通过转让伙伴的能力来满足现有知识需求，而与陌生伙伴的联盟可以通过获取新领域的知识满足互补知识的需求。焦点企业应该努力在维持与熟悉伙伴的利用性联盟和新建与陌生伙伴的探索性联盟间保持平衡，以此实现满足知识需求的目的。他们的研究结果暗含支持这样的观点，即从长期来看，焦点企业与联盟伙伴的强联系和弱联系都能促进企业的价值获取和竞争能力的提高。

伙伴竞争程度、资源冗余程度、伙伴间的熟悉程度等关系特征也在近些年的联盟组合与焦点企业创新关系研究中受到了关注。詹也和吴晓波（2012）分析了我国汽车行业的四个典型案例后发现，多元化的联盟组合配置战略可以提升企业创新能力，而聚焦式的联盟组合配置战略强化了伙伴之间的竞争，增加了资源冗余度，形成了以强联结为主的伙伴关系，这种战略对企业创新意愿和创新速度有明显的抑制作用。Hora 和 Dutta（2013）以 728 家生物与医药公司的联盟关系为样本进行实证研究发现，联盟组合的深度与宽度都会促进技术创新及商业化的成功，而且联盟组合宽度与技术商业化成功之间的积极效应受到联盟组合深度的调节。邓渝和黄小凤（2017）指出，联盟组合伙伴竞争与焦点企业突破性创新呈倒"U"形曲线关系，并且这一关系通过资源整合的中介传导作用实现。另外，还有学者分析了联盟伙伴的熟悉程度是否会激发突破性创新，发现联盟组合的重复性，即企业与同一伙伴建立多个联盟，与突破性创新呈倒"U"形关系（Zheng and Yang，2015；韩炜和邓渝，2018）。

2.1.4.3 联盟组合结构特征与企业创新的关系

已有的实证研究主要关注联盟组合规模、网络密度等结构特征与焦点企业创新的关系。

有学者认为，联盟组合规模越大，焦点企业就越可以通过更多的外部联盟伙伴扩大资源搜索和资源储备的范围，就越有可能正向影响创新绩效（Shan et al.，1994）；另一些学者则认为，规模和焦点企业开发新产品的能力呈倒"U"形曲线关系（Deeds and Hill，1996）；也有学者主张把联盟组合规模和网络宽度、配置效率以及伙伴质量等因素结合起来，才能更好地解释企业创新绩效（Wassmer，2010）。总体来说，有关联盟组合规模与焦点企业创新绩效关系的研究并未取得一致结论，但大家普遍认为，在考察联盟规模和创新绩效的关系时，应同时考虑焦点企业的协调能力、吸收能力、联盟经验（Pangarkar et al.，2017）、联盟伙伴的资源禀赋、环境不确定性以及焦点企业所采取的战略（Hoffmann，2007）等要素。

另外，有学者认为，联盟组合网络密度会影响企业创新效率，网络中伙伴之间的联系增加会导致更多的交互路径和优势结构位置，企业间的独立性加强，对焦点企业的依赖性减弱，但会增加焦点企业对整个联盟组合的控制治理成本，从而抑制企业创新（詹坤等，2017）。但也有学者认为，网络密度大的联盟组合，即紧凑型联盟内大部分成员之间都相互联结，这有利于提高网络成员间信息交换质量，促进网络成员之间形成信任和制约投机行为的共同规范，并且促进联盟成员对关系专有型资产进行投资，以上特征都可以促进企业提高创新效率（Krishnan et al.，2006；Vanhaverbeke et al.，2009）。

除上述分析之外，有学者还采用了更为综合的分析框架，或者在考虑联盟组合不同维度特征的交互效应的基础上展开了讨论。例如，江积海和蔡春花（2014）以瑞丰光电的联盟组合为分析对象，从"企业（点）—关系（边）—网络（网）"三个层次深入分析了联盟组合的资源多样性（数量）、资源异质性（质量）等六个方面的特征对开放式创新的正向影响关系。余菲菲（2015）采用多案例对比分析法发现，联盟伙伴多样化程度高、联盟组合更宽且更深的企业会进行更激进的绿色创新活动。詹坤等（2017）运用结构方程模型和社会网络分析法对问卷调研数据进行分析发现，联盟组合中焦点企业的网络地位（中心性、规模、联结）和网络关系（尊重、信任、认同、互动）通过资源流动、控制治理而间接影响创新能力，资源流动促进了创新能力提高，而控制治理对创新能力的显著影响会随着网络密度的增加而下降。文金艳和曾德明（2019）通过分析汽车产业 1998～2013 年参与正式标准合作的整车生产企业数据得出结论：标准联盟组合规模和多样性均正向影响企业技术标准化能力，区域政府与市场关系会弱化这种关系；组合规模的正向作用强于组合多样性。Faems 等（2012）指出，联盟组合管理的集中性和正规性强化了组合规模与企业创新的倒 "U" 形关系；联盟组合管理的个性化强化了联盟组合异质性与企业创新的正相关关系。据此，他们提出了一个提高企业创新绩效的操作方案，即在高联盟组合成员异质性和高联盟组合规模的环境中，应该采取高集中性、高正式性和高定制性的联盟组合管理方式；在高联盟组合成员异质性和低联盟组合规模的环境中，应该采取低集中性、低正式性和高定制性的联盟组合管理方式；在低联盟组合成员异质性和高联盟组合规模的环境中，应该采取高集中性、高正式性和低定制性的联盟组合管理方式；在低联盟组合成员异质性和低联盟组合规模的环境中，应该采取低集中性、低正式性和低定制性的联盟组合管理方式。戴海闻等（2017）建立了联盟组合多维度交互效应分析框架，并通过实证研究指出，在标准联盟组合中，关系强度在关系数量与创新绩效中起到调节作用；企业个体网络密度越大，其创新绩效越低，关系强度削弱了网络密度与企业创新绩效之间的负相关性。Golonka（2015）研究了联盟组合形成方式、管理者的积极性和信任对焦点企业创新绩效的影响，结果显示，联盟组合积极的、聚焦市场的合作战略正向影响联盟组合的复杂性，并进而提升企业创新绩效；聚焦关系的合作战略弱化了联盟组合的复杂性；管理者对联盟伙伴的信任对联盟组合的复杂性没有显著影响，即现有的关系可能是盲目的，可能会限制联盟组合的复杂性及企业的创新绩效。

2.1.4.4 联盟组合网络特征与企业创新的动态演化关系

联盟组合是一个开放的系统，受技术不确定性、外部环境变动或者企业战略改变等因素的影响，企业不断构建联盟、打破联盟的行为使联盟组合网络特征始终呈现出一个动态的演化过程。而这种演化的动态过程规律是什么？哪些因素会导致联盟组合网络特征动态变化？演化过程中的互动要素如何变异？联盟组合网络特征演变对企业创新活动及成效会造成什么样的影响？管理者在提高企业创新效率和创新能力的过程中，应该如何动态调整联盟组合的伙伴选择、关系构造以及整个网络的结构？这些问题一直是联盟组合研究者呼吁学界关注的（Wassmer，2010；韩炜和邓渝，2018；江积海和刘风，2013）。

目前，有关联盟组合演变的研究还比较少。在现有文献中，一部分将研究重点放在联盟组合演化过程本身，例如，一些学者关注联盟组合演化的驱动要素，包括战略不确定性、影响环境的潜力、企业的联盟战略和企业的需求等宏观要素（Ozcan and Eisenhardt，2009；Chiambaretto and Dumez，2016；Dittrich et al.，2007；Gilsing et al.，2016；Lavie and Singh，2012；Rindova et al.，2012），而最近的一系列研究则试图通过强调与联盟相关的单个决策的组合级聚合、焦点企业资源利用等分析联盟组合演化的微观动态（Gilsing et al.，2016；Castro et al.，2014；Chiambaretto and Wassmer，2019）。另一部分研究关注联盟组合的演变与企业竞争能力等结果变量之间的关系，认为随着时间的推移，公司生产、转移和重组知识以强化联盟组合的关系维度（Dyer and Nobeoka，2000）或简单地增加或删除联盟伙伴以推动快速的战略变化，从而增强它们的竞争力（Dittriche et al.，2007）。

然而，现有文献中有关联盟组合网络特征的演化规律、演化过程中的互动要素变异以及特征演变对企业创新活动的影响等问题研究较少。少数学者在近些年对以上问题进行了回应和研究。例如，詹坤等（2016）采用案例研究，以社会网络理论为基础，选取大唐移动 TD-LTE 联盟组合为研究对象，发现联盟组合内的资源异质性与构型网络多样化有紧密联系，构型网络的规模扩大、路径依赖的增加会导致整体网络效率的下降，而焦点企业不同阶段的控制治理策略选择、网络的拓展与重构正向影响联盟组合的网络效率。马丽和邵云飞（2019）通过对京东方 1993~2018 年的纵向案例研究得出结论：伴随着二次创新的演进，焦点企业组织学习平衡模式随联盟组合网络特征动态协同调整促进了后发企业技术能力的持续提升与赶超。

2.2　组织学习相关研究综述

通过文献的梳理和评述可以看出，国内外学者在联盟组合网络特征与企业创新关系的研究上成果丰硕，但仍有改进的空间，尤其是关于联盟组合网络特征影响企业创新活动的静态和动态机制及其对焦点企业影响机制的"黑箱"还需进一步打开，这也成为本书努力的方向，即如何配置联盟组合才更有助于焦点企业技术创新绩效的提升？联盟组合网络特征影响企业创新活动的机制究竟是什么？学界普遍认识到组织学习及相应的治理是解决联盟关系中"无效率"或"低效率"问题的关键所在。由于联盟组合本质上是一种自我中心性联盟网络，已有文献对联盟网络与组织学习的关系研究为本书揭示联盟组合网络特征影响企业创新的机制打下了良好的理论基础，鉴于此，本节将对联盟网络与组织学习的关系进行回顾与评述。

组织学习（Organizational Learning）概念由 Argyris 和 Schon 在 20 世纪 70 年代末首次提出，随后成为学术界的研究热点。彼得·圣吉（1994）认为，组织学习是管理者不断提高组织成员理解组织及其环境的能力的过程，在此基础上，管理者得以做出不断提高组织效率的决策。March（1991）将组织学习划分为两种模式——探索性学习和利用性学习，这一观点得到了学界的普遍认同。本书遵照以上两类划分，关注组织学习在两个方面的研究进展：一是企业创新过程中两类组织学习的研究；二是企业创新视角下联盟网络与两类组织学习关系的研究。

2.2.1　探索性学习与利用性学习的内涵与测度

2.2.1.1　探索性学习与利用性学习的内涵

March（1991）认为，探索性学习通常用搜索、变化、风险承担、实验、灵活性和发现等词汇描述，其本质是对新选择方案的试验；利用性学习通常用完善、选择、生产、效率、执行和实施等术语描述，其本质是对现有能力、技术、范式的提高和拓展。为了更加清楚地区分探索性学习与利用性学习的特征差异，本书从学习目标、学习结果、知识基础、学习来源和绩效影响五个方面进行具体的差异比较（见表2-3）。

表2-3 两类组织学习的比较

比较标准	探索性学习	利用性学习
学习目标	满足未来市场需求	满足现有市场需求
学习结果	新技术、新产品、新市场	已有技术、产品和市场的完善
知识基础	新知识	已有知识的扩展
学习来源	搜索、变异、柔性、实验、冒险	提炼、复制、完善、效率、实施
绩效影响	长期效果	短期效率

资料来源：March J. G. Exploration and Exploitation in Organization Learning ［J］. Organization Science, 1991, 2（1）: 71-87.

从以上对比可以看出，探索性学习与利用性学习是两种截然不同的学习方式。虽然二者如此不同，但是，企业既要通过探索性学习发现新知识和新机会，以适应激烈的市场竞争和快速变化的环境，从而保证长期竞争优势，又要通过利用性学习加强对现有知识的提炼和应用延伸，从而保证短期利润，二者对组织发展都是不可或缺的。

2.2.1.2 探索性学习与利用性学习的测度

（1）从"知识距离域"角度测度。有学者认为，从"知识距离域"角度，探索性学习和利用性学习可以从以下三个维度进行分别或同时测度（Benner and Tushman，2002）。

一是认知维度。该维度反映了组织搜索到的新知识与已有知识的差别程度。搜索到的新知识与组织已有知识差别小的为利用性学习，搜索到的新知识与组织已有知识差别大的为探索性学习。例如，脑科学搜索信息技术领域的知识就是探索性的，而在脑科学领域内搜索知识就是利用性的。

二是时间维度。该维度反映了组织所搜寻知识的新旧程度。通过搜寻最近的知识来创造新知识的为探索性学习，通过搜索远期的知识来创造新知识的为利用性学习。一般来说，组织远离以前的知识能产生更多探索性，越依赖原有的知识将产生更多的利用性。但是，更老的知识也可能会有利于探索性学习，主要原因有两个：①一些有价值的知识可能因有限理性或路径依赖被错过了；②新兴技术的互补技术的滞后性，使一些有价值的知识在特定的时间点对组织没有价值，但可能因当前具有了互补性知识而在未来具有潜在探索价值。

三是空间维度。该维度指的是跨越物理距离的知识搜寻。组织在现有技术能力基础上的本地搜索是利用性学习，组织为创造新能力进行的远距离搜索是探索性学习（彭新敏，2009）。

（2）从"职能域"角度测度。Lavie 和 Rosenkopf（2006）指出，组织学习也可以从"职能域"角度测度，即从价值链的主要环节——科学、技术和市场测度（Li et al.，2008）。科学是揭示客观规律的系统知识，与基础研究相关，通常由研究者的好奇心、兴趣或直觉来驱动。技术是用来开发产品或服务的系统知识，与应用研究有关，通常被解决一个特定的实际问题所驱动。市场是科学和技术的经济效益得以实现的价值环节，制造、营销或供应协议等都是典型的市场知识来源。越靠近价值链前端的活动越偏向于探索性学习，越靠近价值链后端的活动越偏向于利用性学习。

（3）从"职能域"和"知识距离域"角度综合测度。Li 等（2008）提出了一个整合的框架，认为可以从"职能域"和"知识距离域"两个角度来共同测度探索和利用。相应的综合测度方式包括：科学领域的探索性学习与利用性学习、技术领域的探索性学习与利用性学习、市场领域的探索性学习与利用性学习以及跨越科学、技术和市场四个不同职能域的探索性学习与利用性学习。

2.2.2 联盟网络与探索性学习和利用性学习的关系

目前，有关创新的联盟网络与组织学习关系的研究主要有三类：①把联盟网络作为影响两类学习的前因，考察两类学习如何在联盟环境中实现平衡；②在联盟网络环境中，把两类学习作为自变量，考察它们对企业创新能力的影响；③把两类学习作为联盟网络影响企业创新能力的路径和权变因素。本节将对这三类研究进行梳理和介绍。

2.2.2.1 联盟网络为两类学习平衡提供条件

在当今知识与信息经济时代，组织环境变得越发动态、复杂和不确定，利用性学习能给组织带来稳定的收益，而探索性学习能帮助企业应对未来的不确定性（Levinthal and March，1993），组织始终处在利用性学习与探索性学习之间的资源争夺、模式冲突和封闭循环的困境中，这就导致了组织发展过程中的悖论。这种悖论若管理不善，则容易导致"成功陷阱"和"失败陷阱"两类管理问题（张玉利和李乾文，2006）。

首先，过于强调利用性学习会导致"成功陷阱"（彭新敏等，2017；Levinthal and March，1993）。利用性学习注重现有知识的挖掘，可以通过提高效率、优化流程和提高现有市场占有率来改善短期绩效，但是容易导致组织产生核心刚性和能力陷阱，即组织的核心能力和知识集合抑制了组织创新能力的提高。组织仅聚焦于利用性学习会削弱组织进行新技术研发的动机和能力，降低组织对新知识学习的有效性，从而导致组织的核心刚性，并最终陷入一种"成功陷阱"，降低组织对外部环境变异的适应性，损害长期绩效。

其次，过于强调探索性学习会导致"失败陷阱"（彭新敏等，2017；Levinthal and March，1993）。探索性学习能促进组织搜索新知识，增加新技术研发，持续提高组织创新能力，增强组织适应环境变革的能力。但是，探索性活动的回报通常是不确定的、遥远的，并且经常是负向的。因此，只聚焦于探索性学习容易使组织陷入"失败陷阱"，即无穷尽的"探索—失败—无回报"的恶性循环。

两类"陷阱"在实践中都可能出现，解决两类学习之间的矛盾和促使二者取得平衡是企业绩效达到最优的重要保证。自从组织学习被引入联盟领域，联盟网络环境下的探索性学习—利用性学习平衡就成为研究的热点（彭新敏和孙元，2011），但对于在联盟网络中如何达到平衡还存在不同的观点，主要包括次第实现的间断型平衡模式、同时实现的双元型平衡模式和间断型平衡与双元型平衡都能实现的混合型平衡模式。

（1）间断型平衡模式。组织学习间断型平衡理论主张探索性学习与利用性学习是一个连续谱的两端，两者是互相矛盾的，应该通过时间上的分离实现平衡，即组织在一定时间主要进行探索性学习（或利用性学习），接下来主要进行利用性学习（或探索性学习），依次循环（Levinthal and March，1993；Vermeulen and Barkema，2001；Siggelkow and Levinthal，2003），如图 2－1 所示。

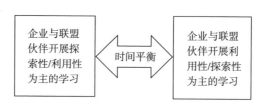

图 2-1　联盟网络中组织学习间断型平衡模式

已有研究证实了企业在联盟条件下采取间断型平衡模式有效提高了企业的创新能力。例如，Dittrich 等（2007）采用纵向单案例研究法，考察了 IBM 公司通过改变联盟伙伴关系，从利用型战略转向探索型战略，最终实现成功转型。宋志红等（2014）选取索尼公司 1995~2012 年建立的联盟网络进行研究，指出焦点企业可以通过改变联盟组合网络特征来实现探索性学习向利用性学习转变。但是，两种学习的间断性转化是缓慢而渐进的（Lavie and Rosenkopf，2006）。这种平衡模式在稳定的环境以及缺少同时进行双元学习所需资源的中小企业中对组织绩效更有利。

但是，间断型平衡的实现具有很多困难，结构与战略的调整是保证两种学习转变的前提，在理论上这种调整是能够做到的，但从客观实践来看，这种结构与战略的频繁调整会给组织造成极大破坏并使组织长期处于不稳定状态（O'Reilly and Tushman，2013）。此外，Lavie 等（2010）也指出，探索性学习与利用性学习都具有不断自我强化的特性，容易形成路径依赖，这会使两种学习的相互转换成本很高。因此，组织需要制定有效的管理程序来帮助间断型平衡机制的顺利实现，同时将学习间相互转化给组织带来的负面效应降到最低。

（2）双元型平衡模式。组织学习双元型平衡理论主张从利用性学习中总结的知识可以用于扫描发现和预测探索活动的方向及评价新技术的价值，从而降低探索活动的风险；高强度探索活动能为知识的提炼和应用提供新的思路，避免利用活动陷入局部最优陷阱。

目前，组织学习双元平衡模式分为结构双元平衡、情景双元平衡和空间域双元平衡三种模式。结构双元平衡理论认为，可在不同的组织部门同时开展两种学习以实现二者的平衡（O'Reilly and Tushman，2013）。情景双元平衡理论认为，两种学习之间的张力可以通过个体在效率和变革之间做出选择来解决，组织只需要提供选择的支持性情境（Lavie et al.，2010；Brunner et al.，2009；李桦等，2011）。空间域双元平衡理论认为结构双元平衡和情景双元平衡理论着重从企业内部来平衡探索性学习与利用性学习，但在知识经济与开放式创新的背景下，单个企业往往难以同时具备进行两种学习的资源。所以，部分学者建议企业可以跨越组织边界实行空间域双元平衡模式以有效突破组织资源约束，解决组织学习悖论问题。

一种观点认为，空间域双元平衡可以表现为组织内部只聚焦于某一类学习，同时通过外包等方式来进行另一种学习，从而实现跨组织间学习平衡（Lavie and Rosenkopf，2006；奉小斌和陈丽琼，2016；林枫等，2015）（见图 2-2）。Stettner 和 Lavie（2014）进一步提出了企业可以通过企业内部、联盟与收购三种分离方式对探索性学习和利用性学习产生不同影响，研究结果显示，通过外部导向的收购或联盟进行探索性学习，内部组织同时进行利用性学习更有助于提高企业绩效。彭新敏等（2017）则在研究后发企业技术追赶的动态演化机制中，将双元性学习模式分为基于联盟的"分隔型双元"、基于并购的"过渡型双元"和基于组织内主导的"自洽型双元"。后发企业通过在组织内部推进已有技术的利用，同时在组织外部通过组建联盟探索新颖技术的"分隔型双元"有利于企业从追赶阶段向超越追赶阶段转轨。另一种观点认为，空间域双元平衡也可以是组织通过调整网络关系和网络结构或者组建不同功能的联盟来实现（见图 2-3）。例如，Capadlo（2007）通过纵向多案例研究发现，强联结与弱联结整合在一起的网络可以使企业同时开展探索性学习和利用性学习。

双元平衡理论的困境在于，在企业的不同功能单元以及企业间实现战略的有效整合、要求公司具备较强的吸收能力整合外部知识与内部知识以及同时获得强联结与弱联结关系的支撑均存在困难（林枫等，2015）。因此，空间域双元平衡需要企业提高自身的吸收能力，与组织边界外学习单元维持良好关系的

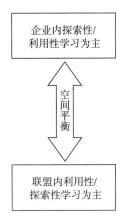

图 2-2　第一种联盟网络中空间域双元平衡模式

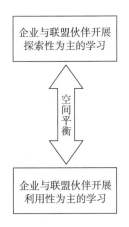

图 2-3　第二种联盟网络中空间域双元平衡模式

能力、社会网络构建和管理能力。

（3）间断型和双元型混合平衡模式。组织学习混合平衡模式是指通过合理的网络配置，组织可以在某一阶段实现间断型平衡而在另一阶段实现双元平衡（见图 2-4），或企业可以通过跨越不同联盟域来实现双元型平衡，并随着时间的推移实现域内和跨域间断型平衡（见图 2-5）。

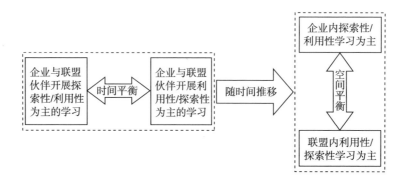

图 2-4　第一种联盟网络中间断型和双元型混合平衡模式

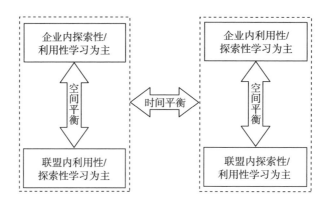

图 2-5　第二种联盟网络中间断型和双元型混合平衡模式

对于第一种组织学习混合平衡模式，彭新敏等（2011）通过纵向案例研究发现，随着企业网络特征演变，组织学习平衡模式由间断型向双元型演化；马丽和邵云飞（2019）认为，在二次创新过程中，随着焦点企业联盟组合网络特征的演化，组织学习平衡模式可以由间断型平衡向双元型平衡转变，进而实现长期混合平衡。

对于第二种组织学习混合平衡模式，周杰和江积海（2014）通过福田汽车的案例研究得出，焦点企业层面的学习平衡是域内间断型平衡；焦点企业与联盟组合之间的学习平衡是跨越不同联盟域的空间平衡；联盟组合层面的学习平衡包括跨域空间平衡和跨域间断型平衡。

组织学习混合平衡模式虽然在更广的网络空间和更长的时间脉络上来化解

两类学习的矛盾，但是，这种平衡模式无疑大大提高了焦点企业联盟管理和学习协调的复杂程度，要求在高管认知、组织机制、管理系统和绩效评价体系上给予强有力的支持和保障。近年来，一些学者开始用更复杂的模型来构建企业的组织学习平衡能力。例如，董小英等（2018）在研究华为的技术追赶时，提出了一个组织学习能力构建的整体模型，该模型首先采取分离策略，通过从外部进行管理导入、与外部进行联合创新、在内部建立基础研发体系三个方面开展探索性学习，通过外部构建联盟、内部管理优化、有控制的创新、知识共享、建立企业大学五个方面开展利用性学习，同时通过集成策略加强两种学习的协调和兼顾，使得探索和利用各自的成果能够彼此产生积极的交互作用。通过这一复杂的整体模型，华为成功地克服了组织学习平衡的困境，实现了创新能力的跨越式赶超。在联盟中构建更为复杂和完整的模型来实现组织学习平衡是未来的一个研究方向。

2.2.2.2 联盟网络中两类学习作为自变量影响企业创新

有学者区分了创新的不同性质，分别考察利用性联盟和探索性联盟与企业渐进性创新和突破性创新的关系。例如，Faems 等（2005）运用 Tobit 回归分析法对比利时制造企业进行了分析，发现企业和联盟伙伴开展探索性活动促进了颠覆性创新，企业和联盟伙伴开展利用性活动促进了渐进性创新。

有学者分别从短期和长期考察利用性联盟和探索性联盟与企业创新绩效的关系，认为利用性联盟与企业短期创新绩效正相关，与企业长期创新绩效负相关，而探索性联盟则正好相反（赵炎和周娟，2013；赵良杰和宋波，2015）。

有些学者则在考察探索性学习与利用性学习对创新绩效的影响时，加入其他互补变量建立更为复杂的分析模型。例如，Guisado-González 等（2019）采用西班牙制造业公司 2005~2013 年的技术创新面板数据，分析了探索性导向联盟组合、利用性导向联盟组合和联盟伙伴年龄之间的关系对焦点企业创新绩效的影响。分析结果显示，在联盟组合中同时开展探索性活动和利用性活动抑制了创新。然而，如果探索性导向的联盟组合中的联盟伙伴都是年轻的，或者利用性导向的联盟组合中的联盟伙伴都是成熟的，则有利于企业创新绩效的提高。换言之，如果在某一时期，联盟组合聚焦于探索性活动，焦点企业就更应该选择年轻的联盟伙伴；反之，联盟组合在某一时期聚焦于利用性活动时，联盟伙伴的选择就更应该倾向于成熟企业，这样才能促进企业创新能力的提高。

Colombo 等（2015）则研究了探索性联盟和利用性联盟相结合的混合联盟的创新绩效，通过对 149 个欧洲学术衍生（ASOs）联盟样本数据进行分析发现，在学术衍生联盟中，混合联盟能够促进参与探索和利用活动的人员之间的知识转移，促进他们之间行动的协调；当探索主体与利用主体之间的知识转移更为关键时，这些利益更有可能超过由探索活动与利用活动相结合而产生的紧张关系，从而提高联盟的创新绩效。这些学者主张与专门从事利用的联盟相比，当联盟具有激进的创新结果时，混合联盟的利用活动的创新绩效更大；相反，与专门从事探索的联盟相比，当联盟具有渐进的创新结果时，混合联盟中探索活动的创新绩效更大。

2.2.2.3 两类学习在联盟网络影响企业创新中发挥作用

Koka 和 Prescott（2008）的研究结论表明，网络中心位置促进了焦点企业的利用性学习，网络中介位置促进了焦点企业的探索性学习，并共同促进了企业绩效的提高。邓渝和邵云飞（2016）实证研究发现，在联盟组合情景下，焦点企业市场导向战略与关系导向战略通过双元组织学习实现不同类型的创新能力提升。具体来说，在市场导向战略选择下，企业可从市场导向联盟企业处获得遥远的知识推动探索性学习，从而实现突破式创新；在关系导向战略选择下，企业可从关系导向联盟企业处获得同质或相近知识推动利用性学习，从而实现渐进式创新。彭新敏等（2017）认为，双元性学习可以成为后发企业突破超越追赶困境向创新前沿转型的一种新的解释机制。通过海天集团 1994～2015 年技术追赶过程的纵向案例分析发现，海天积极构建联盟整合企业内外资源，通过双元性学习由"分隔型双元"向"过渡型双元"再向"自洽型双元"演化，促进企业由追赶到超越追赶再到创新前沿转型。同时技术体制多样性、市场空间多层次性和企业能力累积性三个方面的因素共同驱动了这一演进过程。

2.3　环境动态性和技术战略导向相关研究综述

从文献回顾可以看出，联盟组合与企业创新之间的关系除了受联盟组合各个分析维度特征的影响之外，还受到产业模块化水平和知识分布范围（Hagedoorn et al.，2018）、技术管理工具（Oerlemans et al.，2013）、资源整合（邓渝和黄小凤，2017）、研发人力资本、研发社会资本（Martinez et al.，2017；Martinez et al.，2019）、联盟经验（Subramanian and Soh，2017）和搜索惯例与技术能力（Chung et al.，2019）等因素的影响。这些影响因素可以大致归为组织外因素和组织内因素两类。其中，环境动态性已成为企业最普遍和最重要的组织外环境特征（彭云峰等，2019），其引起的不确定性会使企业面临极大的环境适应困境，从而影响企业战略决策和创新绩效的稳定性。与此同时，企业在联盟组合网络中开展创新活动，其伙伴选择、伙伴关系的强度和整体网络结构的构建等都要和企业技术战略这一组织特征相匹配，否则会给企业创新带来危害。鉴于此，环境动态性和技术战略导向对联盟组合与企业创新之间的关系有何影响就成为一个值得深入探讨的问题。明晰这一问题将有助于进一步透视在不同环境与组织变量作用下，联盟组合对焦点企业创新能力的影响机理。

2.3.1　环境动态性

2.3.1.1　环境动态性的内涵

Wirtz 等（2010）认为，环境动态性包括市场环境动态性、政策环境动态性和技术环境动态性。顾客构成及其偏好变化会引起市场环境动态性，经济政策和法规制度调整会带来政策环境动态性，而技术进步会带来技术环境动态性。

Miller 和 Friesens（1983）对环境动态性的定义对后续研究产生了重要影

响，他们认为波动性（变化率和变化量）和不可预测性（不确定性）都是环境动态的基本特征。例如，产业结构的变化、市场需求的不稳定性和环境冲击的可能性构成了环境动态的重要因素。Schilke（2014）在沿用了上述概念的基础上指出，环境动态性可分为低、中、高三种水平。低水平环境动态性的特征是外部环境缺乏活力，变化不频繁，市场参与者能够预测将要发生的变化；高水平环境动态性是那些不常见的、不连续的快速变化；中等水平环境动态性是沿着大致可预测的线性路径发生的有规律的变化。

刘刚（2019）在综合了 Wirtz 等（2010）、Miller 和 Friesens（1983）对环境动态性的特征描述后指出，低水平环境动态性的特征是顾客构成及偏好、竞争者行为的变化是缓慢和稳定的、经济政策和法规制度是相对刚性的以及技术进步是少且沿着既定技术轨道进行的；与之对应，高水平环境动态性特征是顾客构成和偏好变化速度快、经济政策和法规制度实施的不连续以及跨越式技术革命。

彭云峰等（2019）认为，环境动态性是客户需求变化和竞争者行为带来的，包括市场动态性和竞争强度两个维度。其中，市场动态性是指客户偏好的变化程度、速度和趋势难以预测；竞争强度是指竞争对手之间竞争的激烈程度。

殷俊杰（2018）指出，环境的不可预测性和不稳定程度构成了企业所处环境的动态性特征，其核心为技术动态性和市场动态性。其中，技术动态性主要由快速的技术变革引起，市场动态性主要由竞争行为和顾客需求快速变化引起。

由于本书探讨的是联盟组合各个分析维度对焦点企业创新能力的影响，为了准确刻画与焦点企业创新能力有最直接联系的环境动态特征，在以上文献的研究基础上，本书对环境动态性的概念界定是企业所处环境的不稳定程度和不确定性。对此，主要从市场需求动态性和技术发展动态性来分析（Moorman and Miner，1997），其中，市场需求动态性指顾客构成和顾客偏好的变化速度和变化的不确定性，技术发展动态性指行业主导技术的发展变化速度和变化的不确定性。市场需求动态性和技术发展动态性都可分为高、中、低三个水平。高水平环境动态性，市场需求和技术发展变化频繁，变化趋势难以预测；低水平环境动态性，市场需求和技术发展变化缓慢，变化趋势可以预测；而中等水平环境动态性的市场需求和技术发展的变化速度和不确定性介于二者之间。

2.3.1.2 环境动态性与企业创新的关系

（1）环境动态性是促进企业创新的前因变量。例如，Cingöz 和 Akdoğan（2013）运用来自土耳其的公司样本数据得出实证研究结果：环境动态性促进了公司的战略灵活性，而公司的战略灵活性使企业具有许多优势，从而提高了公司探索性和利用性创新绩效。

（2）环境动态性是影响企业创新的调节变量。例如，Kamasak 等（2016）通过样本数据分析得出，环境动态水平越高，越能迫使企业更好地吸收和利用新信息，从而创造更多的新产品构型和更容易转移到新市场的产品，即环境动态性正向调节了知识管理能力和创新绩效之间的正相关关系。杨卓尔等（2016）认为，环境不确定性正向调节战略柔性与探索性创新之间的正相关关系。王永健等（2016）利用问卷调查数据得出的研究结果表明，环境动态性正向调节弱关系对突破性创新的促进作用。魏泽龙等（2017）通过实证研究结果证实，认知整体倾向与商业模式创新呈非线性倒"U"形关系，认知组合水平与商业模式创新呈正相关关系，上述两种关系均受到环境动态性的正向调节。刘刚（2019）在讨论创业警觉与商业模式创新的关系中认为，转型环境动态性强化了创业警觉的扫描搜索和评价判断两个维度与商业模式创新间的正相关关系。彭云峰等（2019）指出，创新性是创业导向的重要维度之一，创新性有利于提高创业企业的创新绩效，环境动态性正向强化了二者之间的这种正相关关系。岳金桂和于叶（2019）通过实证研究证明，企业技术机会识别、创新资源整合和组织变革促进了企业技术的商业化。与此同时，技术动态性和市场动态性都显著正向强化了技术机会识别能力、组织变革能力与技术商业化绩效的关系，但技术动态性负向削弱了创新资源整合能力与技术商业化绩效的关系。王健和黄群慧（2019）实证研究发现，组织遗忘显著促进了原始性创新，环境动态性对二者关系发挥了正向调节作用。

通过文献梳理发现，环境动态性既可以作为前因变量影响企业创新，也可以作为权变因素调节其他变量与企业创新绩效之间的关系。而把环境动态性作为组织外权变影响因素引入企业创新问题的讨论更为学者们所偏重，得出的研究结论也更为丰富。

2.3.2 技术战略导向

2.3.2.1 技术战略导向的内涵

程源和傅家骥（2002）指出，技术战略是一种与技术相关的决策模式，包括企业目前技术能力水平的分析、核心技术选择以及技术获取模式等内容。其主要目的就是通过有效技术能力的积累和培养，构建和提升企业核心竞争力。郑梅莲和宝贡敏（2007）认为，技术战略是企业为实现其商业目标而设定的一系列技术目标和技术手段。陆雄文（2013）认为，技术战略是企业在创新领域确立的技术总目标，以及为实现这一技术目标而采取的行动总路线。

Berggren 等（2015）认为，技术战略有三个维度：第一个维度为选择有前途的技术并将这些技术发展成新的有竞争力的产品，这涉及产品架构的选择，特别是产品模块性与一体化的级别；第二个维度为技术努力的范围，主要是产品技术平台的搭建，在该平台上通过添加、替换或删除某些功能来创建派生产品以适应不同的细分市场；第三个维度为新技术的来源，公司需要决定应该在内部开发多少技术、在外部获取什么技术、向谁获取技术以及如何获得技术。

根据进入市场的时机、技术创新特征和市场竞争的态势不同，可以将技术战略划分为三类：①领先创新型技术战略。采用该战略的企业致力于在市场上形成技术先发优势，引领行业技术发展，占据行业中的技术领导地位；②跟随创新型技术战略。采用该战略的企业在市场进入时间上滞后于领先创新者，跟随技术领先者的技术，对领先者具有一定的威胁；③模仿创新型技术战略。采用该战略的企业在本质上仍然是以后发者的身份采取技术跟随的态度，但对领先者几乎不构成技术威胁（程源和傅家骥，2002）。

在以上文献的基础上，本书对技术战略导向的概念界定是：企业为实现其商业目标而设置的技术总目标以及为实现这一技术总目标而采取的行动总路线。根据企业技术战略目标、研发投入强度、研发人员素质和新产品开发能力的不同，可以将技术战略导向划分为高、中和低三个层次。高技术战略导向的企业，致力于成为行业技术的领先者，研发投入规模大，研发人员素质高，新产品开发能力强；中等技术战略导向的企业，具有提高企业技术能力的动力和意愿，有一定的研发投入，研发人员素质中等，有一定的新产品开发能力；低技术战略导向的企业，提高技术能力的意愿小，研发投入少，研发人员素质低，几乎没有新产品开发能力。

2.3.2.2 技术战略导向与企业创新的关系

（1）技术战略导向是促进企业创新的前因变量。例如，别华荣（2010）将企业技术战略分为技术探索战略和技术利用战略，并运用案例研究法和问卷调查法得出研究结论：在熊彼特Ⅰ型技术体制下，技术探索战略促进企业创新的过程绩效提高，技术利用战略正向影响创新的产出绩效；在熊彼特Ⅱ型技术体制下，企业的技术探索战略正向影响创新的产出绩效，技术利用战略正向影响创新的过程绩效。陈德智等（2014）采取多案例分析方法得出，技术战略可以通过研发投入结构的中介作用间接地影响创新绩效。洪进等（2015）构建了实证分析模型，通过数据分析发现，国家技术政策与企业技术战略会影响我国航空航天产业的技术创新绩效。其中，自主创新的技术领先战略影响更大。许岱璇和陈德智（2016）认为，要提高创新成效，企业在技术模仿战略阶段应该将研发资源更多地投向开发阶段，在技术跟随阶段应该将研发资源均衡地投向研究阶段和开发阶段，在技术领先阶段应该将研发资源更多地投向研究阶段——动态调整研发资源配置结构与技术发展战略阶段相适应有利于创新绩效的提高。Zhang 等（2021）通过对中国两个典型案例的对比分析揭示了以下趋势：对于处于技术追赶的后发企业而言，当企业内部能力不足和外部生态系统不成熟时，与更激进的技术战略相比，进步的技术战略更有可能获得市场成功；与共同发展的技术战略相比，自我发展的技术战略在长期内更有可能提高技术追赶绩效。

（2）技术战略导向是影响企业创新的调节变量。例如，朱建民和朱静娇（2018）将创新意识划分为主动性和被动性两个维度，将技术战略导向划分为技术领先型和技术跟随型。其中，技术领先战略包含技术开发和引导消费两个维度，技术跟随战略包含技术模仿和降低成本两个维度。实证研究结果表明，技术领先战略的两个维度都强化了创新意识和创新绩效的关系，技术跟随战略的两个维度都弱化了创新意识和创新绩效的关系。

（3）技术战略导向是影响企业创新的中介变量。例如，陈蓉（2013）通过分析问卷调查数据得出"技术能力通过技术战略的中介作用提高企业创新绩效"的研究结论。

通过文献梳理可以看出，技术战略导向和创新有密切的关系，技术战略导向可作为解释变量对创新施加影响，可以是影响企业创新的权变因素，也可以在企业创新产出中发挥重要的中介传导作用。

2.4　研究评述

根据以上文献的梳理可以发现，随着联盟组合研究成果的日益丰富和完善，学者们逐渐认识到了联盟组合对焦点企业创新活动的重要作用，但联盟组合作为一种自我中心联盟网络，具有网络特有的复杂性，其对焦点企业创新活动的影响结果并不确定。为了更好地揭示联盟组合网络特征对焦点企业创新活动的影响，学者们进行了大量的努力与尝试，但现有研究还存在以下局限：

（1）缺乏多维的联盟组合网络特征综合分析框架。最初的联盟组合网络效应分析是建立在区分不同网络特征维度如网络伙伴、网络联结、网络结构基础上的，逐一考察每一维度的某一方面的特征与企业创新的关系，如把网络伙伴维度的成员异质性作为单独的解释变量（Parise and Casher，2003）。但实践中企业组建的联盟组合往往是多维的，每个维度又包含多个方面，单纯地考察联盟组合某一维度的某一方面的特征对焦点企业的影响，得到的结论往往是不全面的，也是脱离企业联盟实际情况的。随后，研究者尝试着同时考察联盟组合某一维度的多个方面的特征与焦点企业创新活动的关系，如同时考察联盟组合关系维度的伙伴竞争程度、资源冗余程度和关系紧密程度对企业创新能力的影响（詹也和吴晓波，2012）；或者同时考察联盟组合多个维度特征对焦点企业的影响，如把联盟组合伙伴多样性这一关系维度特征和网络规模这样的结构维度特征同时作为解释变量（文金艳和曾德明，2019）；抑或在联盟组合网络特征内加入联盟组合管理能力等解释变量以建立更为综合的分析框架来考察联盟组合与焦点企业创新活动的关系（Faems et al.，2012）。尽管建立多维和综合的分析框架能够更客观和更全面地考察联盟组合网络特征与组织创新的关系，为企业构建合适的联盟组合提供借鉴和启示，但从节点维度、关系维度和结构维度系统考察联盟组合网络特征对企业创新活动影响的相关研究并不多，考虑不同维度间交互效应的研究则更少。

（2）忽视了组织学习在联盟组合创新效应中的作用机制和边界条件。最初的联盟组合创新效应分析大多是简单地建立伙伴特征、关系特征、结构特征或者联盟组合管理能力与焦点企业创新绩效的二元关系模型，以解释或验证二者的相关关系（Deeds and Hill，1996；Parise and Casher，2003；Shan et al.，1994）。但相关研究结论并未达成一致。为了进一步明晰联盟组合网络特征对焦点企业创新活动的影响机制，学者们开始将资源整合（邓渝和黄小凤，2017）、资源流动、控制治理（詹坤等，2017）、研发人力资本、研发社会资本（Martinez et al.，2017；Martinez et al.，2019）等中介变量纳入概念模型，以尝试揭开联盟组合创新效应的"黑箱"。但就目前的研究结果来看，联盟组合网络特征与企业创新能力之间的关系并未完全明晰，需要尝试引入更多合适的中介变量对联盟组合网络特征与企业创新能力的作用机理、作用结果进行验证。

事实上，企业构建联盟组合的一个重要原因是突破资源和环境约束，但涉及技术创新的核心战略资源往往是隐性的，具有复杂性、默会性和专属性等特征，这类资源在联盟组合内是难以交易与转移的。而组织学习可以有效地进行知识等隐性资源的收集、整合和利用，促进知识与经验有效转移（Gulati and Sytch，2007；Jarvenpaa and Majchrzak，2016），并创造新的知识，从而有效提高创新能力。因此，焦点企业是否具有学习能力以及能否在联盟组合内建立起合适的组织学习模式就成为影响其创新能力的关键因素。探索性学习与利用性学习作为重要的组织学习方式，目前有关联盟网络与两类学习关系的研究主要集中在把联盟网络作为影响两类学习的前因，考察联盟网络如何为两类学习平衡提供条件以及在联盟环境中把两类学习作为自变量，考察它们对企业创新能力等的影响，而把两类学习作为联盟网络影响企业创新的中介解释机制的研究还非常匮乏。综上所述，在接下来的研究中，有必要尝试把探索性学习和利用性学习作为联盟组合网络特征影响焦点企业创新能力的解释机制，进一步明晰联盟组合网络特征是如何影响焦点企业创新能力的。

另外，现有文献虽然考虑了联盟组合网络特征对创新活动作用的发挥是有边界条件的，但现有研究一般考察产业模块化水平和知识分布范围（Hage-doorn et al.，2018）、区域政府、市场关系和网络密度（詹坤等，2017；文金艳和曾德明，2019）等组织外权变因素的调节作用，或者考察焦点企业技术管理工具（Oerlemans et al.，2013）、联盟经验（Subramanian and Soh，2017）、搜索惯例和技术能力（Chung et al.，2019）、联盟关系深度和强度（Hora and Dutta，2013；戴海闻等，2017）等组织内权变因素的调节作用，而综合考察焦点企业组织外部和组织内部变量的权变调节效应的研究还比较少。如前文所述，外部环境动态性和企业内部技术战略导向与创新有紧密联系，在联盟组合影响焦点企业创新能力的机制探讨中，可以考虑将二者作为权变因素引入理论模型，明确组织学习在联盟组合影响焦点企业创新能力中发挥作用的边界条件，指导焦点企业如何根据环境特性和组织特点构建恰当的联盟组合来获取网络资源，从而提高组织学习水平和企业创新能力，这正是本书在联盟组合与组织学习权变关系研究上关注的前沿问题。

（3）缺乏联盟组合网络特征与企业创新能力的动态演化研究。现有研究仅关注了联盟组合自身的动态演化（Hoffmann，2007；Ozcan and Eisenhardt，2009；Chiambaretto and Dumez，2016；Dittrich et al.，2007；Lavie and Singh，2012；Castro et al.，2014；Gutiérrez et al.，2016），有关联盟组合网络特征与企业技术创新能力协同演化的动态分析还比较匮乏。多数学者都强调焦点企业能够积极主动地改变其联盟组合的组成与构型（Parise and Casher，2003；Wassmer and Dussauge，2012；Hoffmann，2007；Castro and Roldán，2015；Wassmer and Dussauge，2011），通过增加、替代或者移除不同的联盟伙伴以达到其战略目标（Holmberg and Cummings，2009；Neyens and Faems，2013）。因此，假定联盟组合网络特征和企业技术创新同时存在，如果在此基础上进一步研究两者之间的互动，就需要通过考虑时间变量（Hoffmann，2007；Lavie and Singh，2012；Tatarynowicz et al.，2016）来明晰二者之间的动态演化规律。

综上所述，联盟组合网络特征对焦点企业创新活动的影响是不确定的，其作用机制也是非常复杂的，"联盟组合网络特征是如何影响企业创新能力的""其具体作用机制是什么""机制发挥作用的边界条件是什么"等问题亟待解答。对此，本书建立了联盟组合"点—线—面"的多维特征分析框架，选取创新能力作为被解释变量，并且以联盟中组织学习的相关研究为理论基础，选取探索性学习和利用性学习作为中介变量，关注企业外界环境和内部技术战略导向的调节效应，由此同时考察联盟组合网络特征、组织学习与企业创新能力的动态演化关系。

本章小结

通过系统地梳理现有联盟组合、组织学习、创新能力、环境动态性和技术战略导向的相关研究发现，在多维的网络特征分析框架基础上研究联盟组合网络特征与焦点企业创新能力关系的成果还比较缺乏，联盟组合网络特征对焦点企业创新能力的作用机制尚不明确，同时考虑企业外部和企业内部权变因素作用的研究也较少。此外，现有研究多偏重于静态研究，用演变的视角长期动态地考察联盟组合网络特征与企业创新能力关系的研究还十分匮乏。鉴于组织学习在联盟网络影响企业创新活动的过程中能够发挥重要作用，本书拟围绕"焦点企业如何在联盟组合中实现创新"这一问题，通过规范的实证分析，探讨联盟组合网络特征影响企业创新能力的作用路径、权变条件和二者之间的动态演化规律。

❸

概念模型与研究假设

在第 2 章文献分析的基础上，本章主要确定联盟组合网络特征的变量，建立联盟组合网络特征影响企业创新能力的概念模型，提出相应的理论假设，包括联盟组合网络特征与企业创新能力的关系假设、组织学习的中介作用假设以及环境动态性和技术战略导向的调节作用假设，进而为后续的研究设计和数据分析奠定理论基础。

3.1 联盟组合网络特征变量选择

文献综述中系统梳理了联盟组合的网络特征，这为本书确定联盟组合网络特征变量提供了理论指引。鉴于仅从单个方面分析联盟组合网络特征不利于全面考察联盟组合技术创新效应的影响因素，获得的结论也不完全符合企业实际情况，因此需要在理论上刻画联盟组合网络的多维特征，并从多维的视角建立一个系统性的联盟组合技术创新效应分析框架。

鉴于现有的多数相关研究都局限于考察联盟组合某一维度的特征与企业创新绩效的关系，建立在多维度网络特征分析基础上的研究还比较缺乏。因此，本书构建联盟组合网络特征的多维度分析框架，其变量选择遵照三项原则：一是能够全面地涵盖联盟组合网络节点维度、关系维度和结构维度的特征；二是应当对探索性学习与利用性学习具有明显的影响；三是应当适合对联盟组合这种自我中心网络进行分析。

按照以上原则，本书选取节点维度中的联盟伙伴多样性、关系维度中的联结强度和结构维度中的网络规模来表征联盟组合网络特征，这三个特征变量共同构成了本书焦点企业联盟组合网络特征的分析框架。其中，节点维度是网络分析范式的逻辑起点，根据资源基础理论，联盟组合网络伙伴多样性决定了焦点企业可获得资源的种类多寡，本书选择节点维度中的伙伴多样性作为单个伙伴层面的具体测度指标；伙伴间层面是单个伙伴层面的自然延伸，根据资源基础理论，伙伴间关系强度决定了焦点企业可获得资源的异质性程度，本书选择关系维度中的联结强度作为伙伴间层面的具体测度指标；网络层面则是从整体的角度考察整个网络，根据资源基础理论，联盟组合网络规模决定了联盟组合网络中蕴含资源的丰裕程度，本书选择结构维度中的网络规模作为网络层面的具体测度指标（见图3-1）。

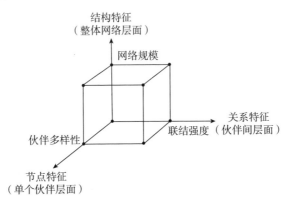

图3-1　本书联盟组合网络特征三维度分析框架

3.2　概念模型构建

3.2.1　联盟组合网络特征对企业创新能力的作用机理

根据资源基础理论和社会网络理论，创新所依赖的资源主要来源于企业内部创造和外部获取（Phelps et al.，2012），当企业无法通过内部创造满足创新所需的全部资源，就必须跨越组织边界到组织外部去寻求资源支持。此时，企业同时与多个联盟伙伴保持合作进而形成联盟组合。

由于联盟组合网络伙伴的资源禀赋和差异化分布程度决定了焦点企业可获得资源的质量和种类多寡，伙伴间关系强度和重复程度决定了焦点企业可获得资源的异质性程度，而伙伴间稳定的整体架构如规模等决定了联盟组合网络中蕴含资源的丰裕程度（Scott，2012），所以，联盟组合网络每一个层面的特征都是提高焦点企业创新资源有效性不可或缺的来源（Fames et al.，2005），焦点企业通过与联盟组合伙伴的互动获取企业创新活动所需的资源，从而促进企业创新能力的提高。

3.2.2 联盟组合网络特征影响企业创新能力的路径分析

焦点企业需要依靠自身的内部能力去提取联盟组合资源中的创新价值（Weigelt，2009）。根据动态能力理论和组织学习理论，焦点企业可以通过组织学习在联盟组合中搜索、获取、整合和利用对创新有价值的资源，从而实现创新能力的提高。

自从探索性学习和利用性学习模式被引入联盟研究领域以来，大量文献显示，"探索—利用"组织学习模式与联盟网络有紧密的关系。一方面，联盟网络的节点属性、关系属性及结构属性会影响探索性学习和利用性学习的开展效果与相互关系（Lavie and Rosenkopf，2006；Capaldo，2007；Lin et al.，2007）。另一方面，探索性学习和利用性学习是联盟网络影响企业创新的关键路径（马丽和邵云飞，2019；邓渝和邵云飞，2016；彭新敏等，2017；Koka and Prescott，2008）。因此，可以考虑将探索性学习和利用性学习作为中介变量纳入联盟组合网络特征与企业创新能力的关系讨论中。

（1）从探索性学习的角度分析。一方面，联盟组合伙伴多样性越高，焦点企业搜索和获取新颖资源的机会就越多，其从事"新能力"的探索性活动的资源基础就越好；强联结关系带来的熟悉的、相近的知识并不利于产生"新主意"，弱联结关系带来的陌生的、非冗余的信息和资源有利于探索性学习；联盟组合网络规模越大，焦点企业占据的结构洞就越多，其发挥异质性知识"桥连接"的作用就越大,加之占据网络中心位置,异质性、新颖性知识和信息的流动速度会加快,从而促进企业探索性学习。另一方面,焦点企业利用在联盟组合中获取的新颖的、非冗余资源开展探索性学习,能促进新技术的产生和新技术商业化为新的产品,对企业创新能力带来积极的正向影响。

(2)从利用性学习的角度分析。一方面,焦点企业扩大联盟组合伙伴的多样性,广泛地与客户、供应商等建立联盟伙伴关系,其获取同质性资源的机会就会增多,有利于利用性学习的开展;焦点企业与联盟伙伴建立强联结关系,可以增强彼此的熟悉程度和信任度,扩大合作范围,并增强互惠性,促进焦点企业获取缄默、复杂、全面和系统的知识,有利于知识的深度挖掘和综合应用;联盟组合网络规模越大,越有利于焦点企业占据网络中心位置,提高焦点企业的合法性和声誉,促使相似企业间的紧密联系和精细信息的转移,最终促进相似知识的深度发掘和融合,推动利用性学习的发展。另一方面,焦点企业在联盟组合网络中搜索和获取到丰富的相近知识后,通过利用性学习加深同质知识的深度理解和利用,有利于已有技术水平和产品性能的提高,促进企业创新能力的提高。

(3)从探索性学习和利用性学习的相互作用角度分析。两种组织学习活动除了因相互的差异而导致的资源竞争外,还存在一定的交互和依存关系(Gupta et al.,2006)。本书认为,利用和挖掘现有知识能力强的企业,可以为探索性学习提供创造新知识的能力基础,并可以为探索性学习提供稳定的现金流,促进探索性学习的有效开展,即利用性学习也可以通过促进探索性学习提高企业创新能力。

以上梳理了联盟组合网络特征影响焦点企业创新能力的理论途径,在将探索性学习和利用性学习纳入联盟组合背景下,就联盟组合网络特征如何影响企业创新能力这一研究主题做了理论阐述。

3.2.3 联盟组合网络特征影响企业创新能力的情景条件

虽然企业在理论上可以通过开展与联盟组合网络特征相适应的组织学习来提高创新能力,但事实上每个企业在联盟组合中开展组织学习和创新活动的结果并不一定完全相同。

根据权变理论，外部环境特性和内部组织特性可作为解释组织创新绩效不同的重要情景变量。一方面，竞争者、供应商、客户和政府等经济活动主体行为的相互作用，以及客观偶然因素等施加的影响，共同导致行业技术和市场环境始终处在动态变化中，技术和市场变化速度的加快和不可预测性加剧了企业组织学习效果与创新活动的不确定性。所以，讨论联盟组合网络特征和组织学习的关系时不应脱离对外部环境的考量。另一方面，技术战略导向是企业的技术总目标以及为实现这一总目标而采取的行动总路线。技术战略导向不同，企业的技术目标、研发投入强度、研发人员素质和组织学习能力与意愿就会不同。因此，讨论联盟组合网络特征和组织学习的关系时，也应该充分考虑企业的技术战略导向水平。

根据本书选择的联盟组合网络特征变量、组织学习类型和环境与组织特征调节变量，可以勾勒出本书的基本概念模型（见图3-2）。下文将通过提出研究假设对该概念模型进行详细的理论说明和细化。

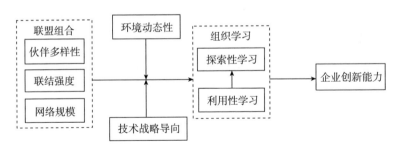

图3-2 联盟组合网络特征对企业创新能力影响机制的概念模型

3.3 联盟组合网络特征与企业创新能力的关系假设

3.3.1 伙伴多样性与企业创新能力的关系

联盟组合多样性强调合作伙伴在类型（功能）、地理位置和产业等方面的差异化分布程度（Lee et al.，2017；李常洪和姚莹，2017）。根据资源基础观，这种差异化的分布使焦点企业可以在得到拓宽的资源池中获取非冗余的技术知识从而促进创新。首先，从伙伴类型角度分析，大学和公共研究机构提供定制的、前沿的技术，为高质量的技术研发提供了可能性（Tether and Tajar，2008）；供应商拥有与生产过程和输入特征相关的知识，可以促进流程创新和产品创新（UN and Asakawa，2015）；用户往往是新产品创意的来源（Hernandez-Espallardo et al.，2011）；与竞争对手的合作提供了获取特定行业技术资源的途径和共享的可能性（Gnyawali and Park，2011）；咨询机构和私人研究机构提供的工程能力或营销知识有助于技术的商业化（Tether and Tajar，2008）。其次，与地理位置不同的合作伙伴建立研发联盟可以促进市场准入、当地技术资源的获取和针对当地偏好的新产品设计（Lavie and Miller，2008）。最后，来自不同产业领域的合作伙伴能够提供互补性的行业资源，提高焦点企业对异质性产业知识的创造性重组潜力，从而有利于跨界创新。

但是，也有学者认为成员多样性并不总是有利于企业创新能力的提高，因为更大的联盟组合多样性使外部资源的整合在一个特定的点之后更加困难，并且导致搜索、协调、监督和控制等成本不断增加，限制了对能够提高创新绩效组织行为的资源分配，分散了企业对技术创新自身的注意力。这些挑战可能会超出焦点企业的财务、吸收和管理能力，从而降低创新收益。所以，有学者提出联盟组合伙伴多样性与公司创新绩效呈倒"U"形关系，即起初伙伴多样性的增加有助于提高企业创新能力，但当伙伴多样性达到一定程度，其对企业创新能力提高的边际效应递减（Oerlemans et al.，2013；Wuyts and Dutta，2014；Martinez et al.，2017；殷俊杰和邵云飞，2017；Chung et al.，2019；Martinez et al.，2019）。

本书着眼于研究我国企业联盟组合伙伴多样性对创新能力的影响。当前我国大部分企业的研发合作活动以及国际化尚未进入高级阶段，在联盟中开展研发活动的强度和频率并不是很高，伙伴的多样化程度远未达到影响创新能力的拐点位置。因此，本书认为多样性的联盟成员有助于焦点企业获取多样化的市场和资源，可以通过加强组合搜索来促进企业创新能力的提升（Lee et al.，2017），并相应提出以下假设：

H1a：伙伴多样性对企业创新能力有正向影响。

3.3.2 联结强度与企业创新能力的关系

联结强度属于联盟组合网络的关系特征，反映了焦点企业与联盟伙伴间的接触频率、资源投入、合作范围以及互惠程度。

Capaldo（2007）指出，联盟组合强联结关系是一把"双刃剑"：一方面，在强联结关系中，焦点企业与联盟伙伴频繁而持续的合作、相互信任，联系紧密以及注重关系投资，有利于联盟伙伴间双向的深度知识和隐性知识的转移与利用，减少彼此的冲突和机会主义行为，创造关系租，从而提升企业创新能力（Lavie and Miller，2008；Gulati，2008；Faems et al.，2010；谢洪明等，2012）；另一方面，强关联也会带来降低合作的灵活性和市场响应能力、减少新的合作机会并催生同质化的封闭网络等负面效应（Tiwana，2008）。

尽管学界在看待联结强度对企业创新活动的影响结果上存在不同的观点，但在中国情景下，本书倾向于认同联盟组合伙伴之间的强联结关系能够提升企业创新能力。首先，由于我国大部分企业创新能力还不高，有必要引进、消化、吸收和利用技术发达企业的先进技术，这就需要企业增进与技术发达企业的合作与信任、促进隐性知识的共享以及深入理解引进技术的"技术诀窍"从而逐步提高自身的技术能力。其次，当企业的技术能力积累到一定程度，就应该加大与高校以及科研院所建立的研发联盟的资源投入和合作范围，有效利用高校和科研院所的基础研究能力帮助焦点企业开展前沿技术研发；同时，加强与顾客的联系、了解并及时响应顾客需求有利于产品创新和市场份额的保持。根据以上理解，提出以下假设：

H1b：联结强度对企业创新能力有正向影响。

3.3.3 网络规模与企业创新能力的关系

网络规模是指与焦点企业有直接联系的伙伴数量，其规模优势可以带来三方面的创新效益：一是联盟组合网络规模越大，企业外部信息来源渠道就越多，就越有可能接触到更多的技术和市场信息，进而为企业选择有前景的创新方向提供可靠依据；二是联盟组合网络规模越大，越有可能实现技术和产品研发的规模效应（Hoffmann，2007）；三是联盟组合网络规模越大，焦点企业占据的结构洞位置就越多，结构洞位置可以增加网络节点对焦点企业的依赖性，降低创新活动的关系成本（潘秋玥等，2016），同时拓宽焦点企业的资源获取途径，提升外部资源的可得性和丰富性，满足创新活动的资源需求（Castro et al.，2014）。

不过，也有学者认为网络规模并非越大越好。一方面，过大的搜索范围会增加企业的搜索成本，这对焦点企业的控制、协调和吸收等内部能力提出了更高的要求，一旦焦点企业要处理的知识流超出了其成本和能力的承载范围，网络规模过大反而会给企业创新带来负面影响。另一方面，过于丰富的资源储备往往会湮没对于企业创新而言至关重要的关键信息，从而增加企业的信息甄别难度，抑制企业创新，对此有学者认为联盟组合网络规模与焦点企业创新能力之间应该呈倒"U"形曲线关系（Faems et al.，2012）。

本书的研究目的是揭示我国企业联盟组合网络规模对创新能力的影响，尽管通过联盟组合开展合作创新已成为普遍现象，但相当多的企业还不完全具备同时建立和管理多个联盟的能力，与发达国家技术先进企业的联盟伙伴规模相比仍有较大差距，其联盟伙伴数量也并未达到影响创新能力的拐点位置。因此，本书认为，扩大联盟组合网络规模有助于焦点企业拓宽资源搜索和获取范围，实现创新的规模效应以及降低关系成本，进而促进企业创新能力的提升，相应提出以下假设：

H1c：网络规模对企业创新能力有正向影响。

3.4　组织学习的中介作用假设

3.4.1　伙伴多样性与组织学习的关系

伙伴多样性可以产生两种特殊的资源获取效应并促进组织学习。首先，联盟组合伙伴多样性越高，焦点企业搜索和获取新颖资源的机会就越多，其从事基础研究和前沿技术研发等新能力探索性活动的可能性就越大，这越有利于探索性学习活动的开展；其次，联盟组合伙伴多样性越高，焦点企业广泛地与客户、供应商等伙伴建立联盟关系，其从事现有产品的改良与升级等现有能力利用活动的可能性就越大，这越有利于利用性学习的开展。因此，提出以下假设：

H2a：伙伴多样性对探索性学习有正向影响。

H2b：伙伴多样性对利用性学习有正向影响。

3.4.2 联结强度与组织学习的关系

联结强度反映了联盟伙伴间的接触频率、投入资源、合作范围和互惠性。如果联盟伙伴间接触频率高、投入的资源和情感多、合作范围广泛并且互惠性高，则呈现强联结；反之，则为弱联结。

首先，具有强联结关系的伙伴合作交流频繁，相互之间比较熟悉，传递的信息和资源也是彼此较为熟悉的，这有利于企业凝练和应用延伸已知知识，促进利用性学习的开展；而具有弱联结关系的伙伴之间的合作交流较少，彼此比较独立，这有利于企业突破常规去搜索陌生的、遥远的和非冗余的信息和资源，促进探索性学习的开展。另外，接触频繁的联盟伙伴之间更容易构建和维持信任关系，信任有利于化解冲突，减少机会主义行为，提升伙伴间信息交流的努力程度和精确性，加强缄默知识和复杂知识的共享，促进知识理解和利用深度的增加，从而促进利用性学习的开展。尽管弱联结关系很难营造信任的氛围，但由于彼此缺乏约束和限制，焦点企业可以在弱联结关系中进行广泛的知识搜索，扩大异质性知识资源池，增加获取新鲜知识的机会，从而促进探索性学习的开展（Granovetter，1985，1973）。

其次，从投入资源角度和互惠性角度分析。在强联结关系中，焦点企业会投入大量的资源和情感以维护彼此的信任和联系。高投入性和高情感性使焦点企业期望从联盟伙伴那里获得资源承诺，不能容忍信息的模糊性，而联盟伙伴也愿意深度分享专有知识，从而促进利用性学习。相比之下，在弱联结关系中，焦点企业不会对这种关系进行高投入，其将更多的成本和精力投入到新联结关系的建立中，低投入性和低情感性势必会使信息传递的精确性和复杂性下降，但探索性学习更强调知识的新颖性和方向指引价值，信息的模糊性并不会妨碍在弱联结关系中开展探索性学习（Granovetter，1985，1973）。

最后，从合作范围的广泛性角度分析。具有强联结关系的伙伴合作范围往往涉及研发、生产和市场等多个方面，使得联盟伙伴可以接触到对方更为全面和复杂的知识，推动系统性问题的联合解决并促进利用性学习；弱联结关系的伙伴合作范围往往局限在某一个方面，交流的知识是碎片化的和随机的，这并不利于利用性学习的开展，但却能给企业带来"新颖的主意"，从而促进探索性学习的开展（潘松挺和蔡宁，2010）。

综上所述，强联结关系有利于焦点企业获取缄默、复杂、全面和系统的知识，有利于知识的深度挖掘和综合应用；弱联结关系有利于焦点企业降低关系维护成本，获取新颖的、异质的和方向指引性的知识，有利于新知识的创造和"新主意"的产生。因此，提出以下假设：

H3a：联结强度对探索性学习有负向影响。

H3b：联结强度对利用性学习有正向影响。

3.4.3 网络规模与组织学习的关系

焦点企业在联盟组合中开展组织学习，其所处网络规模的大小对组织学习将产生重要的影响。具体表现如下：

首先，联盟组合网络规模越大，与焦点企业发生直接联结关系的伙伴就越多，就越有可能形成更多的结构洞。占据结构洞位置的焦点企业具备开展探索性学习的有利条件。第一，位于结构洞两端的联盟伙伴由于缺乏直接的资源交换，彼此拥有的资源异质性程度会更高（张红娟和谭劲松，2014），占据结构洞位置的焦点企业控制住了联盟组合内资源流动的关键渠道，这可以加深联盟伙伴对焦点企业的依赖性，并提高参与联盟合作的积极性，这既保证了多样化资源的可得性，又降低了维持非冗余关系产生的额外成本（张宝建等，2015）。第二，与占据结构洞位置的焦点企业建立联盟关系可以帮助外部伙伴快速、方便地获取联盟组合资源，这提高了焦点企业对外部伙伴的吸引力，有利于焦点企业进一步拓宽获取多样化资源的渠道（Burt et al.，2013）。可见，网络规模越大，焦点企业占据的结构洞就越多，越有利于提高外部资源的多样性和可获得性，从而促进探索性学习的开展。

其次，联盟组合网络规模越大，与焦点企业发生直接联结关系的伙伴就越多，焦点企业的网络位置中心度就越高。拥有高位置中心度的焦点企业，为开展组织学习提供了有效的条件：第一，网络中心位置和大量的直接联结关系加速了联盟内信息流动速度、缩短了企业的信息搜索时间并提高了企业获得信息的数量，增加了焦点企业接触和获得新知识的机会（Gulati et al.，2000；Hoang and Antonicic，2003）。新颖性知识的及时获取和高中心性的权力相结合，有助于已有知识和新知识的整合和转换并激发新想法的产生，促进探索性学习的开展。第二，借助焦点企业在网络中的中心位置，大量的直接联结关系有助于提高焦点企业与联盟伙伴之间的相互信任和资源承诺，促进缄默知识的高效转移，知识的深度挖掘和融合，以及提高联盟伙伴付出努力保证共同问题解决的意愿，由此推动焦点企业利用性学习的开展。第三，网络中心位置提高了焦点企业的合法性和声誉，吸引了更多的伙伴与之合作，进一步扩大了联盟组合网络规模，从而促进探索性学习和利用性学习的有效性。

本书认为联盟组合网络规模越大，焦点企业的直接联结关系就越多，占据的结构洞就越多，自身的网络中心性也越高，这将为两种组织学习的开展都提供更为充分的条件。因此，提出以下假设：

H4a：网络规模对探索性学习有正向影响。

H4b：网络规模对利用性学习有正向影响。

3.4.4　组织学习与企业创新能力的关系

3.4.4.1　探索性学习与企业创新能力的关系

企业的探索性学习主要是在联盟组合中搜索新颖的、异质性的以及有关未来的知识（March，1991），并以这些知识为基础，开展新技术研发和商业化为新产品的活动。因此，探索性学习会对企业未来技术发展和市场竞争优势产生积极的正向影响。另外，面对技术迭代速度加快、知识更新速率提升以及竞争异常激烈的环境，企业不能固守已有的组织实践和惯例，应该不断尝试新的技术和产品研发，改变原有的产品结构（Karim and Mitchell，2000），以适应复杂不确定的环境。而探索性学习活动的本质是冒险、变化和柔性，旨在突破已有技术和产品的改进，用新技术和新产品来提高企业在未来技术及市场方面的竞争优势与创新绩效（Garcia et al.，2003）。因此，提出以下假设：

H5a：探索性学习对企业创新能力有正向影响。

3.4.4.2 利用性学习与企业创新能力的关系

企业的利用性学习主要是在联盟组合中获取同质的知识，并与自身已有知识交叉融合，深度挖掘同质知识中的创新价值，学习的结果主要是对已有技术、产品和市场的改善和拓展（March，1991）。因此，利用性学习会对企业在现有技术轨道上进一步提高技术能力、保持和扩大现有市场竞争力起到促进作用。此外，利用性学习的本质是完善和拓展，是以一种风险较低的方式充分利用现有知识的价值，从而推动企业进行渐进性技术和产品创新的组织活动。尽管利用性学习带给企业的创新程度低于探索性学习，但前者带来的创新预期更为明确、创新成功的概率也更高。尤其是对于技术能力不高和资源匮乏的企业，利用性学习带来的创新收益往往比探索性学习带来的创新收益更大。

综上所述，本书认为企业开展利用性学习所带来的一系列技术完善和拓展有利于企业创新能力的提高，因此，提出以下假设：

H5b：利用性学习对企业创新能力有正向影响。

3.4.4.3 利用性学习与探索性学习的关系

探索性学习和利用性学习虽然是两种截然不同的学习，存在资源争夺和模式冲突问题，但自从 Koza 和 Lewin 于 1998 年将 March 的"探索性学习—利用性学习"模型引入战略联盟以来，很多学者的研究证实了在联盟环境中，利用性学习对探索性学习能产生重要影响（Gupta et al.，2006）。

本书认为，任何一家企业都要积极开展利用性学习，以此促进创新能力的提高。除此之外，良好的利用性学习还能促进探索性学习的开展，从而在更大的程度上推动企业创新。

首先，利用性学习能为探索性学习提供稳定的财务支持。探索性学习是建立在高研发强度基础之上的，需要组织持续投入大量的资源进行新颖性知识的搜索、获取、整合和利用，但其带来的回报通常是不确定的、遥远的，并且经常是负向的。因此，企业需要与联盟伙伴加强成熟技术的联合研发，拓展产品系列以此获得源源不断的低风险资本流入，保障高风险探索性学习的资本投入。

其次，利用性学习为探索性学习提供良好的能力基础。对已有知识的深度挖掘和利用，可以促进企业技术能力的不断积累。只有技术能力达到一定程度的企业，才能较好地预测新的技术发展趋势，并快速有效地识别和获取新技术研发所需的新颖性和异质性知识与资源（Stettner et al., 2014）。因此，利用性学习能够促进探索性学习的有效开展，利用性学习的开展情况在很大程度上决定了探索性学习的成效。

综上所述，本书认为利用性学习通过提供资金保障和能力基础促进了探索性学习的开展，并提出以下假设：

H5c：利用性学习对探索性学习有正向影响。

综上所述，本书认为探索性学习和利用性学习在联盟组合网络特征与企业创新能力的关系中起到了中介作用，并提出以下假设：

H6a：探索性学习在伙伴多样性对企业创新能力的影响中起中介作用。

H6b：探索性学习在联结强度对企业创新能力的影响中起中介作用。

H6c：探索性学习在网络规模对企业创新能力的影响中起中介作用。

H6d：利用性学习在伙伴多样性对企业创新能力的影响中起中介作用。

H6e：利用性学习在联结强度对企业创新能力的影响中起中介作用。

H6f：利用性学习在网络规模对企业创新能力的影响中起中介作用。

H6g：探索性学习在利用性学习对企业创新能力的影响中起中介作用。

3.5 环境动态性和技术战略导向的调节作用假设

3.5.1 环境动态性的调节作用

3.5.1.1 环境动态性对伙伴多样性与组织学习关系的调节作用

本书 H2a 和 H2b 的理论预设为"焦点企业的联盟组合伙伴多样性越高，

越有利于探索性学习和利用性学习的开展"。然而，伙伴多样性与组织学习之间的关系会受到外部环境动态性的影响。

开放式创新要求企业与不同功能、地域或产业的伙伴建立合作关系，以便建立丰富的资源池。焦点企业投入资源和精力以识别和获取资源池中的知识，并与自身已有知识进行整合。在此过程中，企业逐渐形成并保持了自己的搜索惯例。根据企业探寻、获取和整合多样性知识的程度不同，可将搜索惯例划分为窄搜索和广搜索。窄搜索倾向于在企业已有的资源中探寻和获取相近的知识，追求内聚性而非开放性，尽量规避差异、不确定性和不可预料的冲突。相反，广搜索倾向于在更广的范围内努力探寻和获取遥远的多样性知识，把现有的知识基础与新的知识基础整合起来，开辟新的技术发展轨道（March，1991，1996）。

高度的环境动态性促使企业在差异化资源中进行广搜索，以提高搜索的探索性和新颖性。当组织内的知识差异增加时，广搜索推动企业迅速熟悉并准确地识别与获取有创新价值的多样性知识和信息（Katil and Ahuja，2002），并通过异质性知识库的整合产生多样化的知识重组方案和新的知识利用途径，进而极大地促进焦点企业的探索性学习。

然而，正如上文分析，在高动态的环境中，伙伴多样性越大对广搜索和探索性学习越有利；在稳定的环境中，企业才更倾向于在联盟组合伙伴中进行窄搜索，与伙伴进行深度知识挖掘的合作，推动利用性学习的开展。因此，提出以下假设：

H7：环境动态性在伙伴多样性与组织学习的关系中起调节作用。

H7a：环境动态性强化了伙伴多样性对探索性学习的正向影响。

H7b：环境动态性弱化了伙伴多样性对利用性学习的正向影响。

3.5.1.2　环境动态性对联结强度与组织学习关系的调节作用

本书 H3a 和 H3b 的理论预设为"弱联结有利于探索性学习，强联结有利于利用性学习"。然而，联结强度与组织学习的这种关系还会受到外部环境动态性的影响。

一方面，企业处在高动态环境中，市场需求和技术发展的变化速度及不确定性都很高，顾客构成和顾客偏好的变化给企业带来了产品创新的压力和新的市场机遇（潘松挺和蔡宁，2010），而行业技术迭代速度的加快以及技术发展轨迹的不确定性使行业中创造出大量的新知识和新信息。焦点企业为了应对高环境动态性，必须在联盟组合弱联结关系中开展高强度的探索性学习，以捕捉环境变化、加强战略柔性、搜索多样性资源、获取前沿技术知识和开展产品创新。这意味着高动态环境为焦点企业在联盟组合的弱联结关系中更好地开展探索性学习提供了动力和条件，也可以理解为高环境动态性强化了强联结关系对探索性学习的负向影响。

另一方面，为了应对高环境动态性，焦点企业有可能与已有联盟组合伙伴加强联系的频率和强度，以此获取更多的社会资本，从而促进利用性学习。例如，联盟伙伴间信任的增强，有利于组织间开展更广泛的交流与合作，减少机会主义行为的发生（Gulati and Singh，1998）。这将促进组织共同制定标准提高工艺水平、提升产品性能以及加强已有技术知识的重新整合应用。

因此，提出以下假设：

H8：环境动态性在联结强度与组织学习的关系中起调节作用。

H8a：环境动态性强化了联结强度对探索性学习的负向影响。

H8b：环境动态性强化了联结强度对利用性学习的正向影响。

3.5.1.3 环境动态性对网络规模与组织学习关系的调节作用

本书 H4a 和 H4b 的理论预设为"焦点企业联盟组合网络规模越大，其与联盟组合伙伴开展的探索性学习与利用性学习都越好"。然而，网络规模与组织学习的这种关系也会受外部环境动态性的影响。

本书所界定的网络规模是与焦点企业有直接联盟关系（Hoffmann，2007）的伙伴数量。一方面，联盟组合网络规模越大，则直接联盟伙伴越多，焦点企业获取外部知识的渠道也越多，就越有机会接触到外部的同质性知识和多样性知识（解学梅和左蕾蕾，2013）。另一方面，联盟组合网络是一种典型的自我中心网络，网络规模越大则焦点企业的直接联盟伙伴越多，焦点企业的网络位置中心性就越高，占据的结构洞就越多，焦点企业将更容易控制网络中知识流动的关键渠道，提高创新价值提取的效率和效果，同时增加伙伴间相互了解，加快缄默知识在网络中的跨组织转移，促进整个联盟组合网络中的创新价值创造。

在高动态环境中，焦点企业进行产品创新以应对快速变化的市场需求，以及开展前沿技术研发以跟上行业技术发展速度并为未来的技术变革储备技术能力的迫切性都很高。这将促使焦点企业扩大创新搜索范围，在更大的联盟组合网络中搜寻多样性知识，并利用自己的中心位置加强网络中突破性创新价值的获取与整合，从而促进探索性学习的开展。

尽管联盟组合网络蕴含的同质性知识也为利用性学习的发展提供了条件，但正如上文所分析的，在外部环境变化迅速且难以预测的情况下，焦点企业更倾向于将更多的资源和精力投向探索性学习，这将导致联盟组合直接联结伙伴数量的增加不仅没有对利用性学习的发展起到明显的推动作用，反而致使利用性学习由于资源投入不足而受到一定程度的抑制。

因此，提出以下假设：

H9：环境动态性在网络规模与组织学习的关系中起调节作用。

H9a：环境动态性强化了网络规模对探索性学习的正向影响。

H9b：环境动态性弱化了网络规模对利用性学习的正向影响。

3.5.2 技术战略导向的调节作用

3.5.2.1 技术战略导向对伙伴多样性与组织学习关系的调节作用

本书 H10a 和 H10b 的理论预设为联盟组合伙伴多样性对组织学习的作用会受企业技术战略导向的调节。高技术战略导向的企业不仅更加注重新技术研发和实现对行业技术发展的引领，而且非常注重新产品的开发和新市场的开拓。为了实现上述技术目标，焦点企业倾向于获取多样化的市场和资源，并通过加强组合搜索来促进企业技术能力的提升（Lee et al.，2017）。联盟组合多样性强调合作伙伴在类型（功能）、地理位置和产业等方面的差异化分布程度（李常洪和姚莹，2017；Tether and Tajar，2008），这种差异性既为探索性学习提供了可能，也为利用性学习提供了条件。首先，从伙伴类型角度分析，大学和公共研究机构提供定制的、前沿的技术，为高质量的新技术研发提供了机会（Tether and Tajar，2008）；供应商拥有与生产过程和输入特征相关的知识，可以促进流程创新和产品创新（UN and Asakawa，2015）；用户往往是新产品创意的来源（Hernandez-Espallardo et al.，2011）；与竞争对手的合作提供了获取特定行业技术资源的途径和共享的可能性（Gnyawali and Park，2011）；咨询机构和私人研究机构提供的工程能力或营销知识有助于技术的商业化（Tether and Tajar，2008）。其次，与地理位置不同的合作伙伴建立研发联盟可以促进市场准入、当地技术资源的获取和针对当地偏好的新产品设计（Lavie and Miller，2008）。最后，来自不同产业领域的合作伙伴能够提供互补性的行业资源，提高焦点企业对多样性产业知识的创造性重组潜力，从而有利于跨界创新。

因此，提出以下假设：

H10：技术战略导向在伙伴多样性与组织学习的关系中起调节作用。

H10a：技术战略导向强化了伙伴多样性对探索性学习的正向影响。

H10b：技术战略导向强化了伙伴多样性对利用性学习的正向影响。

3.5.2.2 技术战略导向对联结强度与组织学习关系的调节作用

企业技术战略导向也会调节本书 H3a 和 H3b 预设的联盟组合伙伴间联结强度对组织学习的影响。

技术战略导向越高的企业越希望成为行业技术引领者。为了实现这一技术总目标，焦点企业会努力开展探索性学习，主动承担新技术研发风险，研发新技术、开发新产品。有大量弱联结关系的联盟伙伴为焦点企业提供了获取独特的多样性资源的有效途径，多样化、新颖性的知识符合探索性学习的特征，这促进了焦点企业通过探索性学习加强创新性资源的识别、获取、吸收和整合。

同时，高技术战略导向的企业在其维持的强联结关系中也有很高的能力和意愿去获取改善产品性能、降低生产成本所需的同质性资源，并通过利用性学习提取资源中的价值。但是，即使有大量的强联结关系为其提供合适的资源，低技术战略导向的企业也会因为缺乏学习的动机和能力而无法充分利用这些资源。

因此，提出以下假设：

H11：技术战略导向在联结强度与组织学习的关系中起调节作用。

H11a：技术战略导向强化了联结强度对探索性学习的负向影响。

H11b：技术战略导向强化了联结强度对利用性学习的正向影响。

3.5.2.3 技术战略导向对网络规模与组织学习关系的调节作用

企业技术战略导向也会调节本书 H4a 和 H4b 预设的联盟组合网络规模对

探索性学习与利用性学习的影响。

技术战略导向越高的企业，其技术目标和行动路线就越明确，这类企业将有意识地构建联盟组合网络，制定适合在网络中获取资源的人力资源管理方案，发展联盟组合管理能力，营造有利于沟通和开放的企业文化。所以，高技术战略导向企业更有意愿和能力在更大的网络规模内搜索、整合各种创新价值，通过组织学习实现企业的技术战略目标。

因此，提出以下假设：

H12：技术战略导向在网络规模与组织学习的关系中起调节作用。

H12a：技术战略导向强化了网络规模对探索性学习的正向影响。

H12b：技术战略导向强化了网络规模对利用性学习的正向影响。

本章小结

本章结合已有的相关研究成果，对联盟组合网络特征与企业创新能力的关系进行了更深入的理论分析，建立了联盟组合伙伴多样性、联结强度和网络规模三个网络特征分析维度，厘清了联盟组合网络特征通过促进两种学习进而提升企业创新能力的路径。随后，引入环境动态性和技术战略导向两个调节变量，考察了不同情境下联盟组合网络特征对组织学习的影响。联盟组合网络特征对企业创新能力影响机制的细化概念模型如图 3-3 所示。

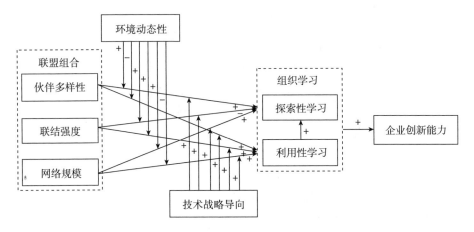

图 3-3　联盟组合网络特征对企业创新能力影响机制的细化概念模型

根据基本概念模型和推导论证，本章提出了相应的研究假设，如表 3-1 所示。

表 3-1　联盟组合对企业创新能力作用机制的研究假设

序号	内容
H1a	伙伴多样性对企业创新能力有正向影响
H1b	联结强度对企业创新能力有正向影响
H1c	网络规模对企业创新能力有正向影响
H2a	伙伴多样性对探索性学习有正向影响
H2b	伙伴多样性对利用性学习有正向影响
H3a	联结强度对探索性学习有负向影响
H3b	联结强度对利用性学习有正向影响
H4a	网络规模对探索性学习有正向影响
H4b	网络规模对利用性学习有正向影响
H5a	探索性学习对企业创新能力有正向影响
H5b	利用性学习对企业创新能力有正向影响
H5c	利用性学习对探索性学习有正向影响
H6a	探索性学习在伙伴多样性对企业创新能力的影响中起中介作用
H6b	探索性学习在联结强度对企业创新能力的影响中起中介作用
H6c	探索性学习在网络规模对企业创新能力的影响中起中介作用
H6d	利用性学习在伙伴多样性对企业创新能力的影响中起中介作用
H6e	利用性学习在联结强度对企业创新能力的影响中起中介作用
H6f	利用性学习在网络规模对企业创新能力的影响中起中介作用
H6g	探索性学习在利用性学习对企业创新能力的影响中起中介作用
H7	环境动态性在伙伴多样性与组织学习的关系中起调节作用
H7a	环境动态性强化了伙伴多样性对探索性学习的正向影响
H7b	环境动态性弱化了伙伴多样性对利用性学习的正向影响
H8	环境动态性在联结强度与组织学习的关系中起调节作用
H8a	环境动态性强化了联结强度对探索性学习的负向影响
H8b	环境动态性强化了联结强度对利用性学习的正向影响
H9	环境动态性在网络规模与组织学习的关系中起调节作用
H9a	环境动态性强化了网络规模对探索性学习的正向影响

续表

序号	内容
H9b	环境动态性弱化了网络规模对利用性学习的正向影响
H10	技术战略导向在伙伴多样性与组织学习的关系中起调节作用
H10a	技术战略导向强化了伙伴多样性对探索性学习的正向影响
H10b	技术战略导向强化了伙伴多样性对利用性学习的正向影响
H11	技术战略导向在联结强度与组织学习的关系中起调节作用
H11a	技术战略导向强化了联结强度对探索性学习的负向影响
H11b	技术战略导向强化了联结强度对利用性学习的正向影响
H12	技术战略导向在网络规模与组织学习的关系中起调节作用
H12a	技术战略导向强化了网络规模对探索性学习的正向影响
H12b	技术战略导向强化了网络规模对利用性学习的正向影响

❹ 研究设计与方法

本书第 3 章提出了联盟组合网络特征影响企业创新能力的概念模型和理论假设，本章则着眼于模型检验，对与统计分析研究相关的各个环节的主要任务及技术手段予以明确，为后续的统计分析提供数据和方法基础。

4.1　问卷设计

4.1.1　问卷设计原则

本书主要研究联盟组合网络特征、组织学习与焦点企业创新能力之间的关系。前期的文献检索发现，国内有关焦点企业联盟组合、探索性学习及利用性学习、企业创新能力和技术战略导向等信息很难从公开资料中获得。鉴于此，本书的数据收集采用社会调查中广泛使用的问卷调查法。众所周知，问卷质量是问卷调查法有效实施的关键因素，本书参照和借鉴国内外的先进经验（Bradburn et al.，2010；吴明隆，2010；荣泰生，2010），在问卷的题项内容、题项设计、题项用字、题项次序和整体风貌等方面遵循如下原则：

（1）题项内容。应能充分反映研究变量的有关信息；使用中性的态度，避免引导性；参考量表的选择主要关注信度和效度。

（2）题项设计。不能有非互斥的选项，以避免问卷填写者不知道该选哪个选项；题项设计要完整，否则问卷填写者无法选择适合的选项。

（3）题项用字。应该清晰易懂、避免模糊；尽量不使用专业性过强的词汇；避免二合一的选项。

（4）题项次序。为保证被调查者在填写问卷时思维节奏的平缓性，按照主题和尺度相似性的集中分布原则来确定题项次序；就某一主题而言，先问一般性的问题，再问特定性的问题。

（5）整体风貌。问卷页数尽量不要太多；字体大小要适合阅读；提高纸张质量，以赢得好感。

4.1.2　问卷设计过程

按照 Bradburn 等（2010）的建议，本书的调查问卷设计分为三个步骤：

（1）文献回顾与调研。在问卷题项的设计过程中，研究者需要依据文献对抽象的构念给出操作性定义，或将抽象的构念转变为可观测的变量，以便构念可以具体测量。但是，题项的设计不仅要耗费大量的精力，而且也不一定能达到良好的信度和效度。鉴于此，本书首先通过回顾有关联盟组合、组织学习和创新能力等已有的权威文献，借鉴信度和效度良好且已被广泛使用的量表。其次赴成都京东方光电科技有限公司和布法罗机器人科技（成都）有限公司进行实地调研和访谈，根据企业实际情况调整题项，在此基础上形成问卷初稿。

（2）与专家学者及企业管理人员研讨。一是邀请 3 位同领域教授从"测量题项的表达准确性、清晰性和简洁性""测量题项与测量构念的相关性"和"测量题项反映测量构念的全面性"三个方面对初始问卷题项进行评审，评价测量量表能否有效反映出各构念的内涵和结构。根据专家反馈意见对初始的测量量表进行修正。二是邀请成都京东方光电科技有限公司和布法罗机器人科技（成都）有限公司的 3 位中高层管理人员对量表进行评价，主要目的是评判题项设计与企业实际运行情况的契合程度，以及题项用字、句式结构等对于被调查者而言是否便于把握其中所蕴含的信息。根据企业人员的反馈情况修改后形成问卷第二稿。

（3）问卷的预测试与定稿。为检验和提高调查问卷的信度和效度，对调查问卷进行预测试。学界对此有两种通行做法：一是变量数与预测试样本量之比控制在 1∶10～1∶5；二是变量中的题项数量与样本量之比控制在 1∶10～1∶5。参考以上做法，再加上本预调研中最多涉及 6 个变量，变量中最多包含 6 个题项，由此确定预调研实际需要 30～60 份的样本。笔者实际选取位于成都市的高新技术企业，共发放了 60 份问卷，有效回收 44 份，有效回收率为 73.3%。经过初步的信度和效度检验以及异常数据清理、题项调整之后确定了正式问卷。

4.1.3　问卷防偏措施

考虑到本问卷大多数题项因采取李克特 7 级量表需要被试者主观性回答，回答者可能会因为无法回忆起所需答案的相关信息、不了解所需答案的相关信息、不能理解题项或者虽知道某些题项答案却不愿意回答等因素而导致应答偏差。鉴于此，本书借鉴殷俊杰（2018）的研究，采取以下措施以尽量减少应答偏差：

（1）调查问卷中题项清晰地注明是调研企业近两年的状况，以避免回答者因无法回忆起所需答案的相关信息而带来的应答偏差。

（2）被调查者应在样本企业的中层及以上管理岗位具有 3～5 年的工作经历，对所在企业的内部组织学习及创新能力状况，以及外部联盟情况都能够充分掌握；针对填写问卷时可能遇到超出个人信息掌控范围之外的问题，被调查者应当求助于企业内部知情人士。通过这些措施，避免被调查者可能因为不了解所需答案的相关信息而带来的应答偏差。

（3）调查问卷严格按照科学的原则指导和步骤设计，并在显著位置告知调研组的联系方式以方便咨询和沟通，进而消除被调查者可能因为对题项理解的困难或偏差而带来的应答偏差。

（4）相关承诺应该清晰地在调查问卷的卷首标注，如对学术性调查功能的承诺，对被调查者个人信息保密的承诺等，以避免答题者虽知道某些题项答案却不愿意回答而带来的应答偏差。

4.2 变量测量

在变量度量上，本书主要参考联盟组合网络特征、组织学习、创新能力、环境动态性和技术战略导向的已有量表，在学者专家以及企业管理人员研讨修改的基础上初步形成变量度量量表。除控制变量外，所有主要变量都采用李克特7级打分法进行度量。以下将具体介绍概念模型中的主要变量测量。

4.2.1 自变量

本书的自变量为联盟组合网络特征，因联盟组合的本质属性为自我中心型联盟网络，故从网络节点、网络关系和网络结构三个维度构建联盟组合网络特征分析框架，具体而言是伙伴多样性、联结强度和网络规模构成的三维度网络特征综合分析框架。

4.2.1.1 伙伴多样性

伙伴多样性属于联盟组合的节点特征，研究者采用不同的测量方法对这一特征进行了测度。Leeuw 等（2014）将国内外联盟组合伙伴分为 7 种，联盟组合伙伴多样性＝［伙伴种类数/最大联盟伙伴种类数（7×2）］^{2}。有学者认为，联盟组合成员多样性可以通过衡量焦点企业伙伴的类型、所属行业、体制属性、所处地域等的不同来表达，常用 Blau 指数（Blau's Index of Diversity）进行操作化测量（Wassmer，2010；Jiang et al.，2010；Collins and Riley，2013；何丰均，2015）。Blau 指数被广泛用于测量分类数据的多样性，其公式为：$D=1-\sum p_i^2$，其中 D 代表多样性，p 代表某一类的成员数量占所有成员数量的比例，i 代表类别号。

考虑到准确数据可获得性的难度，本书没有采取上述方法测量伙伴多样性。不过，本书仍然参考了上述测量中的联盟组合伙伴类别分类方法，结合企业实地调研和专家意见，通过问卷询问"在近两年的研发过程中，贵企业的联盟伙伴的分布情况"来测量联盟组合伙伴多样性。具体测量题项如表4-1所示，每个题项均采用李克特7级量表计分法。表中的联盟包括双方成立合资企业、战略供应商—客户关系、OEM（贴牌）、合作研发、技术许可、共享营销渠道、交叉持有股份、技术培训和支持、资本运作服务和协助拓展海外市场；伙伴类型沿用了本书第1章关键概念界定中的8类机构，企业体制类型分为国有企业、民营企业、三资企业和集体企业。

表4-1　伙伴多样性测量量表

变量	序号	题项	测量依据
伙伴多样性	A1	贵企业与多种类型的伙伴建立联盟关系	Leeuw 等（2014）；Wassmer（2010）；Jiang 等（2010）；Collins 和 Riley（2013）；何丰均（2015）
	A2	贵企业与多个国家的伙伴建立联盟关系	
	A3	贵企业与多种产业的企业建立联盟关系	
	A4	贵企业与多种体制的企业建立联盟关系	

4.2.1.2　联结强度

联结强度属于联盟组合的关系特征，研究者采用不同的测量方法对这一特征进行了测度。Granovetter（1973）最早从网络节点之间交流的时间、情感的紧密程度、熟识性和互惠性四个方面来度量关系强度；Capaldo（2007）基于关系持续时间、合作频率和合作强度表征了时间、资源和社会三个维度，进而测度联盟组合的联结强度。潘松挺和蔡宁（2010）建立了企业创新网络的关系强度测量模型，该模型包括合作创新伙伴间的接触时间、投入资源、合作交流范围和互惠性四个维度，共13个题项，量表采用李克特7级打分法。

参考上述研究并结合企业实地调研和专家意见，本书在测量联盟组合联结强度时，采用接触频率、投入资源、合作范围和互惠性四个维度的测量模型，以求客观、全面地反映焦点企业与联盟伙伴间的合作关系。本书最终通过询问"在近两年的研发过程中，贵企业与联盟伙伴联系强度情况"来测量联盟组合的联结强度，每个题项均采用李克特7级量表打分法，具体测量题项如表4-2所示。

表 4-2 联结强度测量量表

变量	序号	题项	测量依据
联结 强度	B1	贵企业与主要联盟伙伴间的交流非常频繁	Granovetter（1973）； Capaldo（2007）； 潘松挺和蔡宁（2010）
	B2	贵企业在与主要联盟伙伴的合作中投入了大量的资源	
	B3	贵企业与主要联盟伙伴间的交流涉及研发、生产和市场 等多个方面	
	B4	贵企业与主要联盟伙伴的合作是一种"双赢"关系	

4.2.1.3　网络规模

网络规模属于联盟组合的结构特征，刘宇等（2019）通过李克特 5 级量表问卷，用"企业与上下游之间合作往来单位数量""企业与主要同行企业之间往来合作单位数量""企业与大学、科研机构和咨询机构往来合作单位数量"以及"企业与中介机构往来单位数量"4 个题项测量联盟组合网络规模。本书在已有研究的基础上，结合相关概念界定、企业实地调研和专家意见，通过询问"近两年的研发过程中，贵企业建立的主要联盟伙伴数量"（Hoffmann，2007；Scott，2012）来测量联盟组合的网络规模，并按照两端选项分别为"几乎无"和"多于 30 家"，以及 1~30 每递增 6 个数值设一选项，共设置 7 个答题项，相应赋值根据伙伴数量从少到多分别为 1~7 分，测量题项如表 4-3 所示。

表 4-3 网络规模测量量表

变量	序号	题项	测量依据
网络规模	C1	直接联盟的供应商数量	刘宇（2019）； Hoffman（2007）； Scott（2012）
	C2	直接联盟的客户数量	
	C3	直接联盟的研发机构、高校数量	
	C4	直接联盟的竞争对手数量	

4.2.2　中介变量

本书概念模型中的中介变量是探索性学习和利用性学习，研究者采用不同的测量方法对它们进行了测度。

Atuahene-Gima 和 Murray（2007）分别用 5 个题项来测度探索性学习和利用性学习。探索性学习的测量题项为："我们的团队寻找机会使用全新的技能和知识来解决新产品问题""为了产品创新，我们的团队愿意在新创意或想法上冒险""在这个团队中，我们的目标是收集新的信息以迫使我们在产品开发问题上学习新的东西""在团队中，我们的目标是获取知识来开发产品，从而引导我们进入新的学习领域，如新的技术领域""在信息搜索方面，我们侧重于获取有关产品策略的知识，这些策略涉及实验和高风险的市场"；利用性学习的测量题项为："我们的团队更喜欢将以前项目中获得的信息和技术应用到当前的项目中""我们的团队倾向于利用成熟的技术来提高解决问题的效率""我们的目标是寻找信息，以改进解决当前问题的常用方法和思路""在这个团队中，我们寻找解决产品开发问题的通常的和普遍被证明有效的方法和解决方案""在团队中，我们使用了信息获取的方法（如调查以前的项目报告）帮助我们理解和更新当前的项目和市场经验"，所有题项均采用李克特 7 级量表。

Colombo 等（2015）在测度探索性学习与利用性学习时，将只从事与研究有关的活动而不从事任何与生产或市场有关的活动的联盟学习界定为探索性学习，将只从事制造或市场有关的活动而不从事任何与研究有关的活动的联盟学习界定为利用性学习。

邓渝和邵云飞（2016）分别用 5 个题项测度了探索性学习和利用性学习。探索性学习的测量题项为："公司通过联盟合作学习与开发新业务方向""公司通过联盟合作开启全新的产品开发技术或开发过程""公司通过联盟合作获得投资开发新技术、研发职能配置、研发和工程人员培训及开发等领域的新知识和技能""公司通过联盟合作获得对行业而言全新的知识和技能""公司通过联盟合作获得对企业而言全新的知识和技能"；利用性学习的测量题项为："公司积累联盟企业知识在熟悉的产品和技术领域升级了已有的知识和技能""公司利用联盟企业知识加强已有技术的升级""公司利用联盟企业知识提高已有资源的利用效率""公司利用联盟企业知识在已经拥有一定经验的产品开发过程中进一步提升技能""公司利用联盟企业知识提高创新活动的效率"，所有题项均采用李克特 7 级量表。

综合调研访谈结果并借鉴研究者已采用的测量方法，本书对焦点企业与联盟伙伴所开展探索性学习和利用性学习分别采用 3 个题项进行测量，每个题项均采用李克特 7 级量表打分法，测量题项如表 4-4 所示。

表 4-4　探索性学习与利用性学习测量量表

变量	序号	题项	测量依据
探索性学习	D1	贵企业从联盟伙伴处获得对企业而言全新的产品开发技术	Atuahene-Gima 和 Murray（2007）；Colombo 等（2015）邓渝和邵云飞（2016）
	D2	贵企业通过联盟伙伴开辟全新的业务领域	
	D3	贵企业与联盟伙伴共同开展完全不同于本领域传统技术的技术研发工作	
利用性学习	E1	贵企业利用联盟伙伴的知识加强已有技术的升级	
	E2	贵企业利用联盟伙伴的知识提高已有资源的利用效率	
	E3	贵企业利用联盟伙伴的知识改进已有产品的功效	

4.2.3　调节变量

4.2.3.1　环境动态性

环境动态性（Environmental Dynamism）这一术语用于描述企业所处环境里存在不确定性与不稳定性的程度。在理论上，环境动态性的高低与环境条件的复杂多变程度呈正相关。然而，实际中的环境动态性测量会因现实背景的变化而结果各异。

Atuahene-Gima 和 Murray（2007）在测量环境动态性时，主要考察市场的变化程度，采用了 4 个题项进行测量，分别为：“我们当地市场的环境变化很大”“在我们当地市场，变化不断发生”“一年来，我们的市场没有任何变化”“在我们的市场上，所提供的产品和服务的数量变化迅速且频繁”，所有题项均采用李克特 7 级量表。

Moorman 和 Miner（1997）认为，企业所处环境的动态性可以从两个方面分析：一方面是市场需求的动态性，主要针对用户构成及其偏好的变化快慢；另一方面是技术发展的动态性，主要针对行业关键技术的变迁快慢。

Rowley 等（2000）对产业环境动态性的测量选取了变迁速度、复杂性和可预测性三个维度。Eisingerich 等（2010）对企业环境动态性的测量统筹考虑了竞争强度、市场动态性和技术动态性三个维度。

综合调研访谈结果并借鉴研究者已采用的测量方法，本书从市场动态性和技术动态性两个维度测量焦点企业所处环境的动态性，每个维度分别用 4 个题项，每个题项均采用李克特 7 级量表计分法，如表 4-5 所示。

表 4-5　环境动态性测量量表

变量	序号	题项	测量依据
环境 动态性	F1	贵企业所在产业内的顾客构成不断变化	Atuahene-Gima 和 Murray（2007）； Moorman 和 Miner（1997）； Rowley 等（2000）； Eisingerich 等（2010）
	F2	顾客对贵企业所在产业内的产品的偏好不断变化	
	F3	贵企业所在产业的主导技术变化很快	
	F4	两年后贵企业所在产业主导技术的发展情况很难确定	

4.2.3.2　技术战略导向

技术战略导向（Technical Strategic-Orientation）这一术语用于描述技术在焦点企业的受重视程度，研究者用了不同的测量方法对其进行测量。

Ritter 和 Gemunden（2004）从企业技术在行业中的地位、研发投入、风险承担性与新产品开发程度四个维度测量技术战略导向；彭新敏（2009）从公司的技术先进性、研发投入、风险承担性与新产品开发程度四个维度对其进行测量；张群祥（2012）则从公司的技术先进性、研发投入、研发人员素质和新产品开发程度四个维度构建了测量指标。

综合调研访谈结果并借鉴研究者已采用的测量方法，本书从焦点企业技术战略目标、研发投入、研发人员素质和新产品开发程度四个维度测量焦点企业技术战略导向，每个题项均采用李克特 7 级量表打分法，如表 4-6 所示。

表 4-6　技术战略导向测量量表

变量	序号	题项	测量依据
技术战略导向	G1	贵企业一直追求成为产业中的技术领先者	Ritter 和 Gemunden（2004）； 彭新敏（2009）； 张群祥（2012）
	G2	贵企业的研发投入非常大	
	G3	贵企业研发人员的整体素质高	
	G4	贵企业持续不断地开发新产品	

4.2.4 因变量

本书中的"企业创新能力"是指"焦点企业产生新技术及其实现商业化的能力"。按照这一界定，Hagedoorn 等（2018）与 Chung 等（2019）用专利授权数、专利被引证数和专利族 3 个指标来分别反映"技术创新活动中的知识创造价值高低""某项专利对于推动技术进步的基础性作用程度"和"专利的价值高低"（马丽和邵云飞，2019）。彭新敏（2009）以同行业企业在前面两年的平均水平作为基标，相应提出了衡量企业创新能力的 5 个题项，分别为新产品的数量、开发速度、开发成功率、产值在销售总额中的占比以及相应的专利申请数。

参考上述测量方法，结合企业实地调研和专家意见，本书认为"专利授权数""平均专利被引证数"和"平均专利族数"可以较好地反映焦点企业的新技术产出能力，而"开发的新产品种类数""开发的新产品新颖性"和"新产品产值占销售总额的比重"可以较好地反映焦点企业新技术商业化实现的能力。故本书选取以上 6 个题项测量焦点企业创新能力，每个题项均采用李克特 7 级量表打分法，如表 4-7 所示。

表 4-7　焦点企业创新能力测量量表

变量	序号	题项	测量依据
焦点企业创新能力	H1	专利授权数	Hagedoorn 等（2018）；Chung 等（2019）；马丽和邵云飞（2019）；彭新敏（2009）
	H2	平均专利被引证数	
	H3	平均专利族数	
	H4	开发的新产品种类数	
	H5	开发的新产品新颖性	
	H6	新产品产值占销售总额的比重	

4.2.5 控制变量

通过文献分析可以发现，除了以上已提及的变量之外，有关联盟组合网络特征与创新能力的关系研究还需考虑控制变量。根据研究需要，本书选择以下三类控制变量：

4.2.5.1　企业规模

企业规模与企业拥有的资源和声誉紧密相关，企业规模越大，企业的资源禀赋和声誉越好，与优秀企业缔结联盟的可能性就越大，可实现的规模效应也越明显，投入组织学习的资源和精力也会更多，从而进行创新活动的成效可能会越好，创新能力也越高。本书拟依据"员工人数的自然对数"来测量企业规模。

4.2.5.2　企业年龄

该变量的增长有助于企业知识和声誉的积累，有益于企业提高创新能力。但随着企业生存期限的延长，虽然企业的资源禀赋和效率会增加，但组织惰性也会增强，加之组织惯例固化，会导致企业对环境变化反应不灵敏，从而倾向于利用现有创新能力而非探索新的技术（Guisado-González et al.，2019）。因此，本书将企业年龄作为控制变量，利用问卷回收年份与企业创办年份的差值来测量。

4.2.5.3　产业类型

企业所属的产业类型也会对组织学习和创新能力产生影响。电子信息、生物医药、新能源、新材料和航空航天等高新技术产业的知识和技术密集，科技人员比重大，研发投资大，组织学习和创新活动频繁，创新能力高，而机械、化工、纺织等传统产业的情况则相反。按照虚拟变量赋值的常用方法，本书将高新技术企业和传统产业企业的"产业类型"控制变量分别赋值为 1 和 0。

4.3　预调研

为确保量表的质量，拟先期开展小范围的预调研。后期用于大范围发放的正式问卷，是在预调研的基础上对初始问卷予以修订后形成的。

4.3.1 预调研分析方法

在前期文献阅读、调研以及与专家学者、企业人员研讨的基础上形成了本书的初始问卷。在开展大范围正式调研之前进行了预调研，以进一步完善问卷，提高问卷的信度和效度。

采用某种测量工具后所测多次结果的一致性程度被称为信度（Reliability）。鉴于测量关键变量依据的是李克特量表，本书对量表信度水平的判定相应地选用判断量表内部一致性的克朗巴哈系数（Cronbach's α）。本书运用SPSS 22.0 中的可靠性分析进行信度检验，具体变量通过信度检测的标准为题项—总体相关系数 CITC>0.350，删除该题项后的 Cronbach's α 值均未高于整体的 Cronbach's α 值，同时变量各因子的 Cronbach's α 值>0.700。

测量工具真正能够反映和测量出构念的程度被称为效度（Validity）。本书对效度的刻画包括内容效度、聚合效度和区分效度三个方面：①内容效度判定用来反映量表内容能在多大程度上反映变量的特性，主要基于定性的方法判断。由于本书变量测量题项参考的都是广泛使用的成熟量表，并经过与学者专家和企业人员充分讨论后确定，因此本量表具有较高的内容效度。②聚合效度判定用来衡量题项和因子相关性。本书对聚合效度的检验拟采用探索性因子分析，首先，在对各变量进行因子提取之前，进行样本充分性检验，若 KMO 值大于等于 0.700、巴特利特球形检验显著，表明问卷适宜进行因子分析。其次，采用主成分分析法提取因子，将特征值大于 1 作为因子提取标准，并按照最大方差法进行因子旋转。当各变量的因子载荷值大于等于 0.500，累计解释方差的比例大于等于 50%，并且因子的平均方差提取值（Average Variance Extracted，AVE）大于 0.500，说明变量聚合效度良好。③区分效度判定用来检验潜在因子之间是否存在显著差异。若某一因子的 AVE 的平方根大于两两因子的相关系数，则提示变量区分效度良好（殷俊杰和邵云飞，2017）。

4.3.2 预调研数据收集

本书问卷的信度和效度分析都建立在探索性因子分析的基础上，当概念模型中的变量数或变量题项数仅为最低样本量的1/10～1/5时，则满足探索性因子分析的条件。本书涉及五大核心变量，即联盟组合网络特征、组织学习、创新能力、环境动态性和技术战略导向，并且每个变量包含的题项不超过6个。根据这一标准，若要开展探索性因子分析，则需从预调研中获得的有效样本数至少在30份以上。为此，笔者的预调研数据收集主要通过两种途径：一是借助电子科技大学校友企业联合会的桥梁作用，赴成都京东方光电科技有限公司、布法罗机器人科技（成都）有限公司、中国电子科技集团有限公司第29研究所、四川移动通信有限责任公司、成都康弘药业集团股份有限公司、成都华为技术有限公司开展实地走访调研，面向管理人员开展深度访谈和初始问卷调查，获得有效问卷8份。二是在成都高新区相关部门的协助下，面向区内高新技术企业的中高层管理人员开展初始问卷调查并获得有效问卷36份。通过以上两个途径共获得有效问卷44份。

4.3.3　预调研数据分析

4.3.3.1　联盟组合网络特征

首先，由于联盟组合网络特征测量题项参考的都是广泛使用的成熟量表，并经过与专家学者和企业人员充分讨论后确定的，因此该量表具有较高的内容效度。其次，对联盟组合网络特征测度量表进行聚合效度检验。表4-8的数据显示，KMO值大于0.700，巴特利特球形检验的 χ^2 值在0.001的水平上显著，测度量表适合进行探索性因子分析。根据特征值大于1，累计解释方差大于50%的提取标准提取出3个因子，根据因子载荷的分布判断，题项均根据预期相应地归入了伙伴多样性、联结强度和网络规模因子，因子AVE均大于0.500的阈值，据此判断，联盟组合网络特征测度量表具有良好的聚合效度。

表 4-8　联盟组合网络特征的聚合效度检验结果（N=44）

变量	题项	因子载荷			KMO	χ^2/df	Sig.	特征值	累计解释方差（%）	AVE
		伙伴多样性	联结强度	网络规模						
伙伴多样性	A1	**0.805**	0.107	0.055	0.899	124.574	0.000	1.904	37.946	0.708
	A2	**0.845**	0.075	0.123						
	A3	**0.873**	0.140	0.071						
	A4	**0.831**	0.086	0.062						
联结强度	B1	0.050	**0.892**	0.132				2.791	64.479	0.638
	B2	0.103	**0.789**	0.137						
	B3	0.214	**0.704**	0.058						
	B4	0.143	**0.725**	0.042						
网络规模	C1	0.146	0.021	**0.785**				1.186	75.016	0.590
	C2	0.080	0.134	**0.802**						
	C3	0.032	0.075	**0.714**						
	C4	0.041	0.165	**0.720**						

其次，对联盟组合网络特征三个维度的变量进行区分效度检验。表 4-9 中的标粗数值是 AVE 的平方根，未标粗数值是各变量两两相关系数，可见，所有 AVE 的平方根比其所在行和列的所有相关系数都大，表明各变量具有良好的区分效度。

表 4-9　联盟组合网络特征测度量表的区分效度检验结果（N=44）

变量	伙伴多样性	联结强度	网络规模
伙伴多样性	**0.841**		
联结强度	0.224	**0.799**	
网络规模	0.178	0.169	**0.768**

最后，对联盟组合网络特征测度量表进行信度分析。表 4-10 的数据结果显示，联盟组合网络特征三个维度变量测度量表的 Cronbach's α 值均大于阈值 0.700，测度题项 CITC 均在阈值 0.350 以上，且删除任意一个题项后的 Cronbach's α 系数是低于整体的 Cronbach's α 系数的，说明联盟组合网络特征变量测度量表的信度良好。

表 4-10　联盟组合网络特征测度量表的信度检验结果（N=44）

变量	题项	CITC	删除该题项后的 Cronbach's α	Cronbach's α
伙伴多样性	A1	0.683	0.732	0.785
	A2	0.758	0.689	
	A3	0.782	0.623	
	A4	0.689	0.706	
联结强度	B1	0.781	0.791	0.792
	B2	0.790	0.759	
	B3	0.765	0.776	
	B4	0.684	0.703	
网络规模	C1	0.608	0.709	0.753
	C2	0.797	0.604	
	C3	0.659	0.620	
	C4	0.601	0.701	

综上所述，联盟组合网络特征测度量表的信度和效度良好，量表可以用作正式调研。

4.3.3.2　探索性学习和利用性学习

首先，由于组织学习测量题项参考的都是广泛使用的成熟量表，并经过与专家学者和企业人员充分讨论后确定的，因此该量表具有较高的内容效度。

其次，对组织学习测度量表进行聚合效度检验。表 4-11 的数据显示，KMO 值大于 0.700，巴特利特球形检验的 χ^2 值在 0.001 的水平上显著，测度量表适合进行探索性因子分析。根据特征值大于 1，累计解释方差大于 50% 的提取标准提取出 2 个因子，根据因子载荷的分布判断，题项均根据预期相应地归入了探索性因子和利用性因子，因子 AVE 均大于 0.500 的阈值，据此判断组织学习测度量表具有良好的聚合效度。

表 4-11　组织学习的聚合效度检验结果（N=44）

变量	题项	因子载荷		KMO	χ^2/df	Sig.	特征值	累计解释方差（%）	AVE
		探索性学习	利用性学习						
探索性学习	A1	**0.805**	0.107						
	A2	**0.845**	0.075				1.634	35.220	0.698
	A3	**0.873**	0.140	0.873	114.230	0.000			
利用性学习	B1	0.050	**0.892**						
	B2	0.103	**0.789**				2.741	54.328	0.606
	B3	0.214	**0.704**						

再次，对组织学习构念的潜在因子进行区分效度检验。表 4-12 中的标粗数值是 AVE 的平方根，未标粗数值是各变量两两相关系数，数据表明构念具有良好的区分效度。

表 4-12　组织学习变量的区分效度检验结果（N=44）

变量	探索性学习	利用性学习
探索性学习	**0.835**	
利用性学习	0.570	**0.778**

最后，对组织学习测度量表进行信度分析。表 4-13 的数据结果显示，组织学习两个维度变量测度量表的 Cronbach's α 值均大于阈值 0.700，测度题项 CITC 均大于阈值 0.350，且删除任意一个题项后的 Cronbach's α 系数是低于整体 Cronbach's α 系数的，说明组织学习测度量表的信度良好。

表 4-13　组织学习测度量表的信度检验结果（N=44）

变量	题项	CITC	删除该题项后 Cronbach's α	Cronbach's α
探索性学习	D1	0.712	0.721	
	D2	0.701	0.730	0.790
	D3	0.650	0.765	

变量	题项	CITC	删除该题项后 Cronbach's α	Cronbach's α
利用性学习	E1	0.614	0.757	0.802
	E2	0.758	0.614	
	E3	0.657	0.792	

综上所述，中介变量探索性学习和利用性学习测度量表的信度和效度良好，量表可以用作正式调研。

4.3.3.3 环境动态性和技术战略导向

首先，由于环境动态性和技术战略导向测量题项参考的都是广泛使用的成熟量表，并与专家学者和企业人员经过充分讨论后确定，因此这两个变量的量表都具有较高的内容效度。

其次，对环境动态性和技术战略导向测度量表进行聚合效度检验。表4-14的数据显示，KMO 值大于 0.700，巴特利特球形检验的 χ^2 值在 0.001 的水平上显著，测度量表适合进行探索性因子分析。根据特征值大于 1，累计解释方差大于 50% 的标准进行因子提取，环境动态性量表和技术战略导向量表均只析出一个因子，因子 AVE 均大于 0.500 的阈值，据此判断环境动态性和技术战略导向测度量表具有良好的聚合效度。

表 4-14　环境动态性与技术战略导向的聚合效度检验结果（N=44）

变量	题项	因子载荷		KMO	χ^2/df	Sig.	特征值	累计解释方差（%）	AVE
		环境动态性	技术战略导向						
环境动态性	F1	**0.770**		0.773	101.457	0.000	1.729	77.328	0.705
	F2	**0.894**							
	F3	**0.850**							
	F4	**0.832**							
技术战略导向	G1		**0.803**	0.802	128.217	0.000	1.980	87.243	0.579
	G2		**0.775**						
	G3		**0.701**						
	G4		**0.732**						

根据探索性因子分析结果，环境动态性和技术战略导向构念都只提取出一个因子，故不做因子间区分效度检验。

最后，对环境动态性和技术战略导向测度量表进行信度分析。表4-15的数据结果显示，环境动态性和技术战略导向测度量表的 Cronbach's α 值均大于阈值 0.700，测度题项 CITC 均大于阈值 0.350，且删除任意一个题项后的 Cronbach's α 值是低于整体的 Cronbach's α 值，这说明环境动态性和技术战略导向测度量表的信度良好。

表4-15 环境动态性与技术战略导向测度量表的信度检验结果（N=44）

变量	题项	CITC	删除该题项后的 Cronbach's α	Cronbach's α
环境动态性	F1	0.707	0.759	0.808
	F2	0.731	0.786	
	F3	0.737	0.754	
	F4	0.656	0.790	
技术战略导向	G1	0.556	0.722	0.745
	G2	0.695	0.710	
	G3	0.708	0.669	
	G4	0.548	0.736	

综上所述，调节变量环境动态性和技术战略导向测度量表的信度和效度良好，量表可以用作正式调研。

4.3.3.4 企业创新能力

首先，由于企业创新能力测量题项参考的都是广泛使用的成熟量表，并与专家学者和企业人员经过充分讨论后确定，因此该量表都具有较高的内容效度。

其次，对企业创新能力测度量表进行聚合效度检验。表4-16的数据显示，KMO 值大于 0.700，巴特利特球形检验的 χ^2 值在 0.001 的水平上显著，测度量表适合进行探索性因子分析。按照特征值大于 1，累计解释方差大于 50% 的提取标准进行因子提取，量表只析出一个因子，因子 AVE 均大于 0.500 的阈值，据此判断企业创新能力测度量表具有良好的聚合效度。

表 4-16　企业创新能力的聚合效度检验结果（N=44）

变量	题项	因子载荷 创新能力	KMO	χ^2/df	Sig.	特征值	累计解释 方差（%）	AVE
企业创新能力	H1	0.714	0.709	130.887	0.000	1.339	70.298	0.578
	H2	0.792						
	H3	0.772						
	H4	0.802						
	H5	0.711						
	H6	0.845						

根据探索性因子分析结果，企业创新能力只提取出一个因子，故不做因子间区分效度检验。

最后，对企业创新能力测度量表进行信度分析。表 4-17 的数据结果显示，企业创新能力测度量表的 Cronbach's α 值大于阈值 0.700，测度题项 CITC 均大于阈值 0.350，且删除任意一个题项后的 Cronbach's α 值是低于整体的 Cronbach's α，这说明企业创新能力测度量表的信度良好。

表 4-17　企业创新能力测度量表的信度检验结果（N=44）

变量	题项	CITC	删除该题项后的 Cronbach's α	Cronbach's α
企业创新能力	H1	0.839	0.825	0.856
	H2	0.823	0.738	
	H3	0.832	0.696	
	H4	0.812	0.828	
	H5	0.854	0.841	
	H6	0.802	0.750	

总之，因变量企业创新能力测度量表具有较好的效度和信度，量表可以用作正式调研。

4.3.4　问卷定稿

为了完善和纯化问卷，本书对初始问卷进行了小样本预调研。预调研样本的分析结果显示，联盟组合网络特征（伙伴多样性、联结强度和网络规模）、探索性学习、利用性学习、环境动态性、技术战略导向和企业创新能力的信度和效度检验均符合要求，量表可用于正式问卷（详见附录二）。

4.4 数据收集

4.4.1 样本选择与问卷发放

4.4.1.1 样本选择

运用科学的抽样方法获取样本，并且样本企业的特征与研究问题匹配，才能保证样本数据具备代表性，从而确保研究结果具有较高的可靠性，为此需满足四项条件：一是样本企业年龄不低于 3 年，建立的联盟不少于 2 个。企业至少存续 3 年以上才能经营稳定，也才有条件建立 2 个及 2 个以上的联盟并形成联盟组合。二是样本企业规模以中大型企业为主。中大型企业一般实力雄厚、研发投入较多并具有较好的社会声誉，故而容易与其他经济活动参与者结盟，在联盟中开展组织学习和创新活动。因此，以此类企业为样本，能够观察到企业的联盟、组织学习和创新状况。三是样本企业应主要属于高新技术产业。高新技术产业存在资源依赖性特别强、技术生命周期短、创造性毁灭和产品创新的技术深度与广度特别高等特点，属于这类产业的企业一般都倾向于在联盟中进行开放式创新，组织学习强度大，创新活动频繁。因此，以此类企业为样本，获取丰富的企业联盟、组织学习和创新能力资料的可能性更大。四是样本企业应该覆盖多种所有制类型。目前，我国处于经济体制改革期，企业多种所有制类型并存，收集属于不同所有制企业的数据，一方面可以使研究数据来源多元化，研究结果更加稳定；另一方面也可以使研究结论对我国不同所有制类型的企业都具有一定的指导意义。

4.4.1.2 问卷发放

为了提高问卷发放的效率和数据的可靠性，本书问卷主要通过现场调研、委托政府管理机构和利用人际关系三个渠道发放。不同渠道问卷发放和回收的具体情况如下：

（1）现场调研发放。通过参与研究课题的团队，赴相关企业实地调研并发放问卷，共发放问卷 10 份，回收有效问卷 10 份，有效率为 100%。

（2）通过委托政府管理机构发放。本书获得了成都市高新区相关部门的支持，通过高新区管委会发放问卷 200 份，回收有效问卷 84 份，有效率为 42%。

（3）利用人际关系发放。通过电子科技大学校友会、朋友等，向关联企业发放问卷 100 份，回收有效问卷 75 份，有效率为 75%。

本书从 2019 年 10 月至 2020 年 3 月通过上述途径共计发放调查问卷 310 份，回收 242 份，经筛选确定有效问卷 169 份，有效回收率为 54.5%（见表 4-18）。

表 4-18　问卷发放与回收情况

发放与回收方式	发放数量（份）	回收数量（份）	回收率（%）	有效数量（份）	有效回收率（%）
现场调研	10	10	100	10	100
委托政府管理机构	200	142	71	84	42
利用人际关系	100	90	90	75	75
合计	310	242	78.06	169	54.5

4.4.2　样本特征描述

本书从企业年龄、规模、产业类型和所有制类型四个方面描述有效样本企业的基本特征，具体情况见表 4-19。

表 4-19　样本数据的描述性统计

统计内容	分类	数量（家）	占比（%）	统计内容	分类	数量（家）	占比（%）
企业年龄（年）	≤3	10	5.9	产业类型	信息通信	84	49.7
	4~5	51	30.2		生物制药	37	21.9
	6~10	56	33.1		新能源、新材料	38	22.5
	11~15	29	17.2		航空航天	7	4.1
	>15	23	13.6		其他	3	1.8

续表

统计内容	分类	数量（家）	占比（%）	统计内容	分类	数量（家）	占比（%）
规模（人）	≤10	13	7.7	所有制类型	国有	84	49.7
	11~100	17	10.1		民营	37	21.9
	101~300	43	25.4		三资	38	22.5
	301~1000	62	36.7		集体	7	4.1
	>1000	34	20.1		其他	3	1.8

从企业年龄来看，有效样本企业年龄跨度广，大部分企业年龄处于3~10年。其中，企业年龄小于等于3年的有10家，占比为5.9%；企业年龄在4~5年的有51家，占比为30.2%；企业年龄在6~10年的有56家，占比为33.1%；企业年龄在11~15年的有29家，占比为17.2%；年龄大于15年的有23家，占比为13.6%。

从企业规模来看，有效样本企业半数以上为中大型企业。其中，企业规模小于等于10人的有13家，占比为7.7%；企业规模在11~100人的有17家，占比为10.1%；规模在101~300人的有43家，占比为25.4%；规模在301~1000人的有62家，占比为36.7%；规模大于1000人的有34家，占比为20.1%。可见，有效样本企业人数大于300人的占比达56.8%，根据国家统计局《统计上大中小微型企业划分办法（2017）》的规定，有效样本企业大部分属于中大型企业。

从企业所处产业类型来看，有效样本企业主要属于高新技术产业。其中，信息通信企业84家，占比为49.7%；生物制药企业37家，占比为21.9%；新能源、新材料企业38家，占比为22.5%；航空航天企业7家，占比为4.1%；其他类企业3家，占比为1.8%。

从企业的所有制类型来看，国有企业有24家，占比为14.2%；民营企业有92家，占比为54.4%；三资企业有34家，占比为20.1%；集体企业有14家，占比为8.3%；其他所有制企业有5家，占比为3.0%。

有效样本企业的描述性统计结果显示，样本企业年龄大部分处于3~10年，以中大型企业为主，主要分布于高新技术产业，所有制类型多元化。可见，获取的样本企业特征完全符合选取原则，收集的数据可以用于下一步的数据分析工作。

4.5 数据分析方法

本书运用问卷调查法收集了 169 份有效数据，为确保研究结果的准确、有效，选择合适的数据分析方法十分重要。本书首先对问卷数据进行信度和效度检验；其次在相关分析的基础上采用结构方程模型检验中介过程，运用多元回归分析方法检验调节机制。

4.5.1 信度与效度检验

一般认为，量表在预调研中经过了信度和效度检验。但是，为确保检验结果的准确性和可靠性，在使用大规模问卷调查数据进行假设检验前，还需要再次进行信度和效度检验。本书首先使用 SPSS 22.0 对量表信度进行检验，方法与步骤参见本书 4.3.1 节。其次用 AMOS 20.0 进行验证性因子分析，以此检验量表的建构效度，检验指标及标准如表 4-20 所示。

表 4-20 适配度评价指标以及标准

评价指标	χ^2/df	RMSEA	CFI	GFI	TLI
通过标准	≤3.000	≤0.08	>0.900	>0.800	>0.900

4.5.2 相关性分析

相关分析是为了验证变量之间同时变化的方向和程度，初步判断出各变量之间是否存在影响。本书借助 SPSS 22.0 软件开展 Pearson 相关分析，测量关键变量间的相关程度，并对可能存在的多重共线性问题进行初步排查，所涉及的变量包括联盟组合伙伴多样性、联结强度、网络规模、探索性学习、利用性学习、创新能力、环境动态性和技术战略导向。相关性分析结果将支撑后续的结构方程建模及多元回归分析。

4.5.3　结构方程模型

结构方程模型非常适合检验多变量之间的复杂因果关系，其检验步骤依次是：①对数据进行偏度和峰度分析，以检验数据正态分布性；②对变量间的相关性做初步分析与判断；③进行初始模型构建，分别验证自变量对因变量的影响、自变量对中介变量的影响以及中介变量对因变量的影响；④用数据对模型进行整体拟合、通过表4-12中的适配度评价指标判断模型拟合情况，并进行模型修正；⑤对最终模型进行模型效应分解，以揭示自变量对因变量的总效应、直接效应和间接效应。

4.5.4　多元回归分析

由于在检验调节作用时，需要在模型中引入多个交互项，而多个自变量与单个因变量之间线性关系的显示可以借助多元线性回归分析。基于这一认识，有关外部环境动态性与内部技术战略导向对联盟组合网络特征和两类组织学习之间关系的调节作用，本书采用多元回归分析予以检验。

📖　本章小结

本章分五个步骤进行了统计分析研究方案设计：一是明确了问卷设计的原则、过程以及为减少应答偏差拟采取的措施；二是确立了概念模型中涉及的各类变量的测量方法；三是确立了预调研的分析方法，并进行了预调研数据的收集与分析和问卷定稿；四是阐述了样本的选择条件、大范围发放问卷的方式以及有效样本企业的特征；五是介绍了拟采用的数据分析方法，包括信度与效度检验、相关性分析、结构方程模型分析和多元回归分析。通过系统性的方案设计，为后续的分析检验奠定基础。

❺

数据分析与结果讨论

　　按照第 4 章确定的研究设计与方法，本章利用样本数据对第 3 章提出的假设进行检验。首先，检验变量的信度和效度；其次，利用结构方程建模检验联盟组合网络特征影响企业创新能力的路径；最后，利用多元回归分析方法检验环境动态性和技术战略导向在联盟组合网络特征对组织学习影响中的调节效应。

5.1　变量的信度和效度检验

　　为确保数据分析结果的可靠性，本节根据在前文中确定的方法，首先用 SPSS 22.0 对测度量表进行信度检验，其次用 AMOS 20.0 进行验证性因子分析，以检验测度量表的建构效度。

5.1.1　信度检验

　　使用 SPSS 22.0，通过 CITC、删除该题项后的 Cronbach's α、Cronbach's α 三个指标再次检验伙伴多样性、联结强度、网络规模、探索性学习、利用性学习、环境动态性、技术战略导向和企业创新能力测度量表的信度，检验结果如表 5-1 所示。

表 5-1 测量量表信度检验结果 （N=169）

变量	题项	CITC	删除该题项后的 Cronbach's α	Cronbach's α
伙伴多样性	A1	0.684	0.792	0.801
	A2	0.748	0.641	
	A3	0.799	0.745	
	A4	0.745	0.767	
联结强度	B1	0.782	0.831	0.872
	B2	0.772	0.814	
	B3	0.695	0.777	
	B4	0.767	0.842	
网络规模	C1	0.797	0.802	0.812
	C2	0.630	0.795	
	C3	0.618	0.708	
	C4	0.702	0.794	
探索性学习	D1	0.528	0.614	0.705
	D2	0.559	0.623	
	D3	0.544	0.689	
利用性学习	E1	0.621	0.752	0.784
	E2	0.668	0.773	
	E3	0.623	0.764	
环境动态性	F1	0.654	0.784	0.801
	F2	0.721	0.758	
	F3	0.732	0.766	
	F4	0.643	0.759	
技术战略导向	G1	0.655	0.820	0.845
	G2	0.722	0.823	
	G3	0.773	0.778	
	G4	0.746	0.834	
企业创新能力	H1	0.665	0.725	0.810
	H2	0.656	0.773	
	H3	0.663	0.802	
	H4	0.659	0.759	

续表

变量	题项	CITC	删除该题项后的 Cronbach's α	Cronbach's α
企业创新能力	H5	0.649	0.793	0.810
	H6	0.701	0.799	

数据显示，所有变量的 CITC 均大于 0.350 的最低标准，对应的 Cronbach's α 值均大于 0.700，且删除该题项后的 Cronbach's α 值都比子量表的 Cronbach's α 值小，由此可以认为本书测度量表信度比较理想。

5.1.2　效度检验

5.1.2.1　联盟组合网络特征

对联盟组合网络的伙伴多样性、联结强度和网络规模三个特征变量进行验证性因子分析，测量模型和拟合结果如图 5-1 与表 5-2 所示。

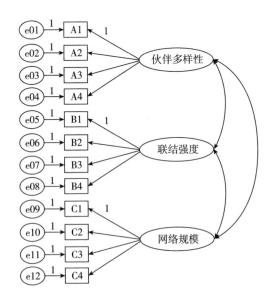

图 5-1　联盟组合网络特征测量模型

表 5-2   联盟组合网络特征测量模型拟合结果（N = 169）

路径	未标准化系数	标准化系数	S. E.	C. R.	p	拟合指标
A1 ←——伙伴多样性	1.000	0.712			***	
A2 ←——伙伴多样性	1.279	0.835	0.104	12.235	***	
A3 ←——伙伴多样性	0.988	0.711	0.106	12.032	***	
A4 ←——伙伴多样性	1.268	0.803	0.105	11.661	***	
B1 ←——联结强度	1.000	0.854			***	$\chi^2/df = 1.102$
B2 ←——联结强度	0.850	0.823	0.071	15.368	***	GFI = 0.917
B3 ←——联结强度	0.751	0.726	0.060	13.263	***	CFI = 0.907
B4 ←——联结强度	0.796	0.755	0.065	12.004	***	TLI = 0.905
C1 ←——网络规模	1.000	0.945			***	RMSEA = 0.013
C2 ←——网络规模	0.803	0.701	0.066	10.722	***	
C3 ←——网络规模	0.801	0.700	0.062	10.893	***	
C4 ←——网络规模	0.837	0.736	0.070	11.022	***	

注：*** 表示在 p<0.001 水平下显著（双尾检验）。

测量模型拟合结果显示，χ^2/df 小于 3.000；GFI、CFI、TLI 均大于 0.900；RMSEA 低于 0.080；各路径系数均在 p<0.001 的水平下显著，表明联盟组合网络伙伴多样性、联结强度和网络规模拟合效果良好，通过了效度检验。

5.1.2.2   组织学习

对探索性学习与利用性学习两个变量进行验证性因子分析，测量模型和拟合结果如图 5-2 与表 5-3 所示。

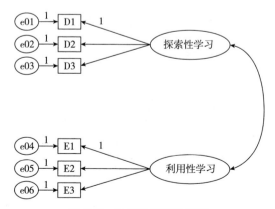

图 5-2   组织学习测量模型

表 5-3 组织学习测量模型拟合结果（N=169）

路径	未标准化系数	标准化系数	S. E.	C. R.	p	拟合指标
D1 ←—— 探索性学习	1.000	0.751			***	$\chi^2/df=1.778$
D2 ←—— 探索性学习	1.212	0.907	0.155	10.556	***	GFI=0.979
D3 ←—— 探索性学习	0.829	0.701	0.080	10.962	***	CFI=0.980
E1 ←—— 利用性学习	1.000	0.807			***	TLI=0.979
E2 ←—— 利用性学习	1.052	0.832	0.069	12.346	***	RMSEA=0.052
E3 ←—— 利用性学习	0.945	0.803	0.071	12.081	***	

注：*** 表示在 p<0.001 水平下显著（双尾检验）。

测量模型拟合结果显示，χ^2/df 小于 3.000；GFI、CFI、TLI 均大于 0.900；RMSEA 小于 0.080；各路径系数均在 p<0.001 的水平下显著，表明探索性学习和利用性学习模型拟合效果良好，通过了效度检验。

5.1.2.3 环境动态性和技术战略导向

首先，对环境动态性进行验证性因子分析，测量模型和拟合结果如图 5-3 与表 5-4 所示。

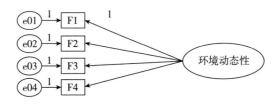

图 5-3 环境动态性测量模型

表 5-4 环境动态性模型拟合结果（N=169）

路径	未标准化系数	标准化系数	S. E.	C. R.	p	拟合指标
F1 ←—— 环境动态性	1.000	0.745			***	$\chi^2/df=1.314$
F2 ←—— 环境动态性	0.990	0.713	0.079	11.046	***	GFI=0.907
F3 ←—— 环境动态性	0.943	0.702	0.090	10.127	***	CFI=0.982
F4 ←—— 环境动态性	0.971	0.779	0.092	12.389	***	TLI=0.906
						RMSEA=0.063

注：*** 表示在 p<0.001 水平下显著（双尾检验）。

测量模型拟合结果显示，χ^2/df 小于 3.000；GFI、CFI、TLI 均大于 0.900；RMSEA 小于 0.080；各路径系数均在 p<0.001 的水平下显著，表明环境动态性模型拟合效果良好，通过效度检验。

其次，对技术战略导向进行验证性因子分析，测量模型和拟合结果如图 5-4 与表 5-5 所示。

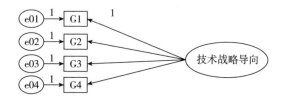

图 5-4　技术战略导向测量模型

表 5-5　技术战略导向模型拟合结果（N=169）

路径	未标准化系数	标准化系数	S. E.	C. R.	p	拟合指标
G1 ←——技术战略导向	1.000	0.786			***	$\chi^2/df=1.304$
G2 ←——技术战略导向	1.135	0.825	0.072	13.856	***	GFI=0.907
G3 ←——技术战略导向	0.860	0.738	0.067	11.268	***	CFI=0.980 TLI=0.968
G4 ←——技术战略导向	1.061	0.824	0.065	13.187	***	RMSEA=0.071

注：*** 表示在 p<0.001 水平下显著（双尾检验）。

测量模型拟合结果显示，χ^2/df 小于 3.000；GFI、CFI、TLI 均大于 0.900；RMSEA 小于 0.080；各路径系数均在 p<0.001 的水平下著性，表明技术战略导向模型拟合效果良好，通过了效度检验。

5.1.2.4　企业创新能力

对企业创新能力变量进行验证性因子分析，测量模型和拟合结果如图 5-5 与表 5-6 所示。

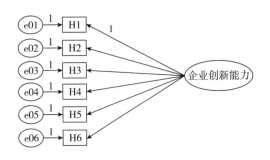

图5-5　企业创新能力测量模型

表5-6　企业创新能力模型拟合结果（N=169）

路径	未标准化系数	标准化系数	S. E.	C. R.	p	拟合指标
H1 ←── 企业创新能力	1.000	0.835			***	$\chi^2/\mathrm{df}=1.849$
H2 ←── 企业创新能力	1.053	0.854	0.050	19.929	***	GFI=0.929
H3 ←── 企业创新能力	0.970	0.823	0.051	18.315	***	CFI=0.913
H4 ←── 企业创新能力	0.941	0.800	0.054	16.692	***	TLI=0.937
H5 ←── 企业创新能力	1.083	0.871	0.058	18.383	***	RMSEA=0.056
H6 ←── 企业创新能力	1.210	0.934	0.040	17.288	***	

注：***表示在 p<0.001 水平下显著（双尾检验）。

测量模型拟合结果显示，χ^2/df 小于 3.000；GFI、CFI、TLI 均大于 0.900；RMSEA 小于 0.080；各路径系数均在 p<0.001 的水平下显著，表明企业创新能力模型拟合效果良好，通过了效度检验。

5.2　组织学习中介作用的结构方程模型检验

本章 5.1 节验证了各变量的信度和效度，结果显示各变量信度和效度良好，可以进行更进一步的模型检验。本节将运用结构方程模型检验法验证联盟组合网络特征影响企业创新能力的作用假设。

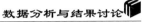

5.2.1　初步数据分析

在使用结构方程建模时，需要样本数据满足以下基本要求：①样本容量至少大于100（Ding et al.，1995）。本书的有效样本量为169，满足该项要求。②要求数据服从正态分布。正态分布可以通过数据的峰度和偏度检验，通常情况下，峰度绝对值小于10、偏度绝对值小于3的样本数据服从正态分布（Kline，1998）。本书运用SPSS 22.0对169份样本数据进行了峰度和偏度分析，结果显示样本数据各题项满足正态分布标准（见表5-7）。③样本数据具有良好的信度和效度，对此在本章5.1节已经予以了检验。④结构方程模型中各变量具有相关性。本书运用SPSS 22.0软件对结构方程模型中的变量进行了相关分析，结果显示各变量显著相关，如表5-8所示。

表5-7　峰度和偏度检验（N=169）

题项	A1	A2	A3	A4	B1	B2	B3	B4	C1
峰度	−0.872	−0.307	−0.366	−0.671	−0.676	−0.477	−0.556	−0.378	−0.878
偏度	−0.378	−0.556	−0.643	−0.971	−0.571	−0.298	−0.697	−0.301	−0.442
题项	C2	C3	C4	D1	D2	D3	E1	E2	E3
峰度	−0.3251	−0.540	−0.691	−0.427	−0.549	−1.886	−0.377	−0.406	−0.778
偏度	−0.614	−0.287	−0.422	−0.799	−0.599	−0.379	−0.685	−0.785	−0.590
题项	F1	F2	F3	F4	G1	G2	G3	G4	H1
峰度	0.526	0.449	−1.052	−0.302	−0.454	−0.431	−0.340	−1.355	0.355
偏度	−0.548	−0.417	−1.126	−0.422	−1.066	−0.502	−1.248	−0.375	−1.072
题项	H2	H3	H4	H5	H6				
峰度	−0.624	−0.706	−0.535	−0.679	−1.326				
偏度	−0.456	−0.827	−1.325	−0.306	−0.419				

表5-8　结构方程模型中各变量间相关关系（N=169）

变量	1	2	3	4	5	6	7	8	9
1. 企业年龄	1								
2. 企业规模	0.187[*]	1							
3. 产业类型	0.070	0.012	1						

续表

变量	1	2	3	4	5	6	7	8	9
4. 网络规模	0.543*	0.612*	0.058	1					
5. 联结强度	0.068	0.045	0.012	0.360*	1				
6. 伙伴多样性	0.041	0.037	0.015*	0.140*	0.169*	1			
7. 探索性学习	0.246*	0.036	0.048*	0.259*	-0.206*	0.353*	1		
8. 利用性学习	0.323*	0.213*	0.026	0.426*	0.338*	0.410*	0.464*	1	
9. 企业创新能力	0.130	0.386	0.378*	0.455*	0.424*	0.128*	0.326**	0.488**	1
均值	8.056	2.015	0.985	4.836	3.219	5.030	2.010	6.315	4.180
标准差	6.322	0.542	0.013	1.033	0.890	1.076	1.036	1.008	1.234

注：*、**分别表示在 $p < 0.05$、$p < 0.01$ 水平下显著（双尾检验）。

5.2.2 自变量对因变量的影响分析

本书的自变量为联盟组合伙伴多样性、联结强度和网络规模，因变量为企业创新能力。运用 AMOS 20.0 检验上述三个联盟组合网络特征对企业创新能力的影响，初始结构方程模型如图 5-6 所示。

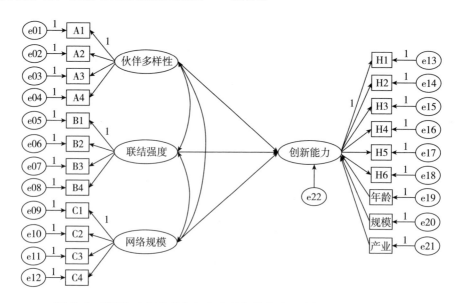

图 5-6 联盟组合网络特征与企业创新能力关系的初始结构方程模型

表 5-9 显示模型拟合结果为 χ^2/df 小于 3.000，GFI 大于 0.800，TLI 和 CFI 均大于 0.900，RMSEA 小于 0.080，表明模型拟合情况良好。

表 5-9 同时显示，三个联盟组合网络特征对企业创新能力的标准化路径系数均为正，且在 $p<0.001$ 的水平下显著，表明联盟组合网络特征的三个维度对企业创新能力均有显著的正向影响。假设 H1a、H1b 和 H1c 均得到了验证。

表 5-9　联盟组合网络特征与企业创新能力的模型拟合结果

路径	未标准化系数	标准化系数	S. E.	C. R.	p	拟合指标
企业创新能力←伙伴多样性	0.324	0.322	0.089	6.145	***	$\chi^2/df=1.987$ GFI=0.934
企业创新能力←联结强度	0.251	0.218	0.073	4.904	***	CFI=0.967 TLI=0.951
企业创新能力←网络规模	0.102	0.139	0.082	2.729	***	RMSEA=0.064

注：*** 表示在 $p<0.001$ 水平下显著（双尾检验）。

5.2.3　自变量对中介变量的影响分析

本书的中介变量是组织学习，有探索性学习和利用性学习两个维度，图 5-7 是三个联盟组合网络特征对探索性学习和利用性学习的影响初始结构方程模型。

表 5-10 显示，模型拟合结果 χ^2/df 小于 3.000，GFI 大于 0.800，TLI 和 CFI 均大于 0.900，RMSEA 小于 0.080，可以判定模型拟合情况良好。

表 5-10 同时显示，三个联盟组合网络特征对组织学习均有显著的影响。具体而言，"探索性学习←伙伴多样性"标准化路径系数为 0.334（$p<0.001$），"探索性学习←联结强度"标准化路径系数为 -0.241（$p<0.05$），"探索性学习←网络规模"标准化路径系数为 0.105（$p<0.05$）。"利用性学习←伙伴多样性"标准化路径系数为 0.289（$p<0.001$），"利用性学习←联结强度"标准化路径系数为 0.290（$p<0.01$），"利用性学习←网络规模"标准化路径系数为 0.147（$p<0.05$）。假设 H2a、H2b、H3a、H3b、H4a 和 H4b 均得到验证。

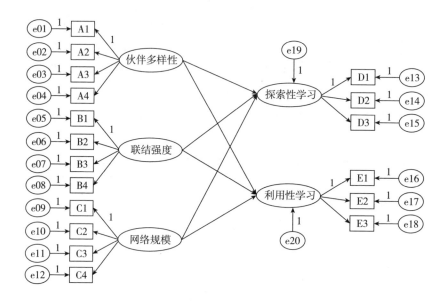

图5-7 联盟组合网络特征与组织学习关系的初始结构方程模型

表5-10 联盟组合网络特征与组织学习的模型拟合结果

路径	未标准化系数	标准化系数	S. E.	C. R.	p	拟合指标
探索性学习←伙伴多样性	0.304	0.334	0.065	6.414	***	
探索性学习←联结强度	−0.286	−0.241	0.056	−4.198	*	$\chi^2/df = 2.367$
探索性学习←网络规模	0.129	0.105	0.052	2.559	*	GFI = 0.887
利用性学习←伙伴多样性	0.278	0.289	0.059	4.465	***	CFI = 0.968
利用性学习←联结强度	0.291	0.290	0.054	4.680	**	TLI = 0.926
利用性学习←网络规模	0.119	0.147	0.060	2.697	*	RMSEA = 0.052

注：*、**、***分别表示在 p<0.05、p<0.01、p<0.001 水平下显著（双尾检验）。

5.2.4 中介变量对因变量的影响分析

组织学习对企业创新能力关系的影响的初始结构方程模型如图5-8所示。

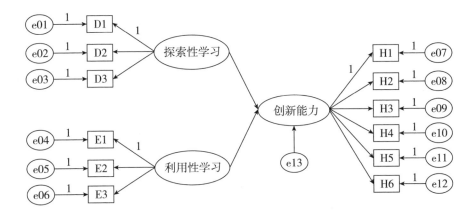

图 5-8　组织学习与企业创新能力关系的初始结构方程模型

表 5-11 显示，模型拟合结果 χ^2/df 小于 3.000，GFI 大于 0.800，TLI 和 CFI 均大于 0.900，RMSEA 小于 0.080，模型拟合情况良好。

表 5-11 同时显示，组织学习对企业创新能力两条标准化路径系数均为正，且在 $p<0.001$ 的水平下显著，表明探索性学习与利用性学习均对企业创新能力有显著的正向作用。假设 H5a 和 H5b 均得到了验证。

表 5-11　组织学习与企业创新能力的模型拟合结果

路径	未标准化系数	标准化系数	S. E.	C. R.	p	拟合指标
企业创新能力←──探索性学习	0.365	0.332	0.064	5.960	***	$\chi^2/df=1.502$ GFI=0.906
企业创新能力←──利用性学习	0.545	0.482	0.071	7.063	***	CFI=0.904 TLI=0.915 RMSEA=0.067

注：＊＊＊表示在 $p<0.001$ 水平下显著（双尾检验）。

5.2.5　中介变量间的影响分析

利用性学习对探索性学习的初始结构方程模型如图 5-9 所示。

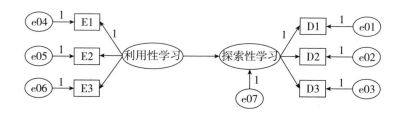

图 5-9　利用性学习与探索性学习的初始结构方程模型

表 5-12 显示，模型拟合结果 χ^2/df 小于 3.000，GFI 大于 0.800，TLI 和 CFI 均大于 0.900，RMSEA 小于 0.080，模型拟合情况良好。

表 5-12 同时显示，利用性学习对探索性学习的标准化路径系数为 0.485，且在 $p<0.001$ 的水平上显著，表明利用性学习对探索性学习有显著的正向作用。假设 H5c 得到了验证。

表 5-12　探索性学习与利用性学习的模型拟合结果

路径	未标准化系数	标准化系数	S. E.	C. R.	p	拟合指标
探索性学习◄——利用性学习	0.487	0.485	0.064	7.052	***	$\chi^2/df = 1.002$ GFI = 0.952 CFI = 0.964 TLI = 0.915 RMSEA = 0.052

注：*** 表示在 $p<0.001$ 水平下显著（双尾检验）。

5.2.6　整体模型的拟合与参数估计

5.2.6.1　初始模型构建

为更加清楚地揭示各变量间的相互关系，本书利用结构方程建立了初始整体模型，将所有变量同时放入模型进行拟合（见图 5-10）。

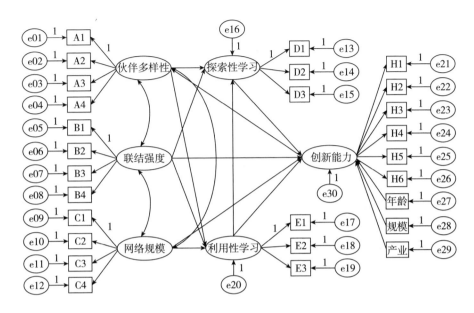

图5-10 联盟组合网络特征对企业创新能力作用机制的初始结构方程整体模型

5.2.6.2 模型初步拟合

表5-13显示了模型拟合结果，依据评价指标可知，整体模型的拟合效果并不理想：TLI和CFI均小于临界值0.900；RMSEA大于临界值0.080。同时还出现了两条 C. R. <1.960，p>0.05 的路径。

表5-13数据显示：①伙伴多样性和联结强度仍然对企业创新能力有显著的正向影响，标准化路径系数分别为0.133（p<0.01）和0.107（p<0.01），而网络规模对企业创新能力的正向作用并不显著，标准化路径系数为0.105（p>0.05）；②伙伴多样性、联结强度和网络规模对探索性学习仍然有显著作用，标准化路径系数分别为0.174（p<0.001）、-0.214（p<0.001）和0.114（p<0.01）；③伙伴多样性、联结强度和网络规模对利用性学习仍然有显著作用，标准化路径系数分别为0.289（p<0.001）、0.296（p<0.001）和0.147（p<0.01）；④探索性学习和利用性学习对企业创新能力仍然有显著的正向影响，标准化路径系数分别为0.173（p<0.001）和0.363（p<0.001）；⑤利用性学习对探索性学习的正向影响仍然显著，标准化路径系数为0.484（p<0.001）。

表5-13 初始结构方程整体模型的拟合参数

路径	未标准化系数	标准化系数	S. E.	C. R.	p	拟合指标
企业创新能力←——伙伴多样性	0.145	0.133	0.063	2.301	**	
企业创新能力←——联结强度	0.120	0.107	0.072	2.012	**	
企业创新能力←——网络规模	0.101	0.105	0.073	1.642	0.188	
探索性学习←——伙伴多样性	0.176	0.174	0.065	2.381	***	
探索性学习←——联结强度	-0.194	-0.214	0.066	-4.198	***	
探索性学习←——网络规模	0.115	0.114	0.053	1.967	**	
利用性学习←——伙伴多样性	0.278	0.289	0.059	4.465	***	$\chi^2/\mathrm{df}=2.715$
利用性学习←——联结强度	0.294	0.296	0.054	4.682	***	GFI=0.852
利用性学习←——网络规模	0.119	0.147	0.070	2.697	**	CFI=0.843
企业创新能力←——探索性学习	0.172	0.173	0.055	2.643	***	TLI=0.887
企业创新能力←——利用性学习	0.366	0.363	0.064	5.961	***	RMSEA=0.116
探索性学习←——利用性学习	0.487	0.484	0.064	6.050	***	
企业创新能力←——企业年龄	0.043	0.032	0.091	0.472	0.198	
企业创新能力←——企业规模	0.126	0.119	0.104	2.223	**	
企业创新能力←——产业性质	0.169	0.124	0.037	2.614	***	

注：**、***分别表示在 p<0.01、p<0.001 水平下显著（双尾检验）。

5.2.6.3 模型修正与确定

由于初始的整体模型拟合效果并不理想，因此需要依次删除 p>0.05，且 C. R. <1.960 的路径。初始模型中存在两条这样的路径，分别是"企业创新能力←——网络规模"（C. R. =1.642，p=0.188）和"企业创新能力←——企业年龄"（C. R. =0.472，p=0.198）。在第一次模型修正时，根据最大修正指数，首先删除 C. R. 值更低、p 值更高的路径"企业创新能力←——企业年龄"，然后再次对模型进行拟合，根据模型拟合指标的情况判定模型是否需要再次调整。

通过第一次模型修正后，表5-14 显示的模型拟合情况为：χ^2/df 为 2.415，小于 3.000；GFI 为 0.892，大于 0.800；TLI 为 0.894，CFI 值为 0.889，均小于临界值 0.900；RMSEA 为 0.098，大于临界值 0.080，虽然拟合

情况有所变好，但整体模型的拟合效果仍然不想理。模型中"企业创新能力←——网络规模"的 C. R. 值仍然小于 1. 960，p>0. 05，故需要在第二次修正模型时，删除此条路径，然后再次对模型进行拟合，根据模型拟合指标的情况判定模型是否需要再次调整。

表 5-14　第一次模型修正后的拟合参数

路径	未标准化系数	标准化系数	S. E.	C. R.	p	拟合指标
企业创新能力←——伙伴多样性	0. 146	0. 134	0. 063	2. 303	＊＊	
企业创新能力←——联结强度	0. 119	0. 108	0. 072	2. 200	＊＊	
企业创新能力←——网络规模	0. 102	0. 106	0. 089	1. 640	0. 186	
探索性学习←——伙伴多样性	0. 175	0. 173	0. 065	2. 382	＊＊＊	
探索性学习←——联结强度	−0. 194	−0. 214	0. 066	−4. 098	＊＊＊	
探索性学习←——网络规模	0. 115	0. 114	0. 053	1. 967	＊＊	$\chi^2/df = 2.415$
利用性学习←——伙伴多样性	0. 276	0. 280	0. 059	4. 463	＊＊＊	GFI = 0. 892
利用性学习←——联结强度	0. 294	0. 296	0. 054	4. 682	＊＊＊	CFI = 0. 889
利用性学习←——网络规模	0. 119	0. 147	0. 070	2. 698	＊＊	TLI = 0. 894
企业创新能力←——探索性学习	0. 172	0. 173	0. 055	2. 646	＊＊＊	RMSEA = 0. 098
企业创新能力←——利用性学习	0. 366	0. 363	0. 064	5. 972	＊＊＊	
探索性学习←——利用性学习	0. 491	0. 495	0. 064	4. 252	＊＊＊	
企业创新能力←——企业规模	0. 125	0. 120	0. 104	2. 224	＊＊	
企业创新能力←——产业性质	0. 170	0. 126	0. 037	4. 617	＊＊＊	

注：＊＊、＊＊＊分别表示在 p<0. 01、p<0. 001 水平下显著（双尾检验）。

第二次修正后得到的整体拟合模型各项拟合指标如表 5-15 所示。χ^2/df 小于 3. 000，GFI 大于 0. 800，TLI 和 CFI 均大于 0. 900，RMSEA 小于 0. 080。各项拟合指标均比未修正前更理想，且均达到了拟合要求，模型不需要再次修正，这次修正后得到的模型即联盟组合网络特征对企业创新能力作用机制的最终结构方程整体模型。

表 5-15　最终结构方程整体模型的拟合参数

路径	未标准化系数	标准化系数	S. E.	C. R.	p	拟合指标
企业创新能力←──伙伴多样性	0.147	0.135	0.063	2.306	**	
企业创新能力←──联结强度	0.120	0.109	0.072	2.201	**	
探索性学习←──伙伴多样性	0.174	0.171	0.065	2.370	***	
探索性学习←──联结强度	-0.192	-0.212	0.064	-4.087	***	
探索性学习←──网络规模	0.015	0.113	0.053	1.968	**	$\chi^2/\mathrm{df}=2.410$
利用性学习←──伙伴多样性	0.275	0.279	0.059	4.465	***	GFI=0.808
利用性学习←──联结强度	0.293	0.295	0.054	4.685	**	CFI=0.902
利用性学习←──网络规模	0.118	0.145	0.070	2.673	**	TLI=0.911
企业创新能力←──探索性学习	0.171	0.172	0.055	2.647	***	RMSEA=0.078
企业创新能力←──利用性学习	0.370	0.366	0.064	6.003	***	
探索性学习←──利用性学习	0.489	0.493	0.064	4.351	***	
企业创新能力←──企业规模	0.126	0.119	0.104	2.223	**	
企业创新能力←──产业性质	0.170	0.126	0.037	4.617	***	

注：**、*** 分别表示在 p<0.01、p<0.001 水平下显著（双尾检验）。

经过两次模型修正后，联盟组合网络特征对企业创新能力作用机制的最终结构方程整体模型如图 5-11 所示。

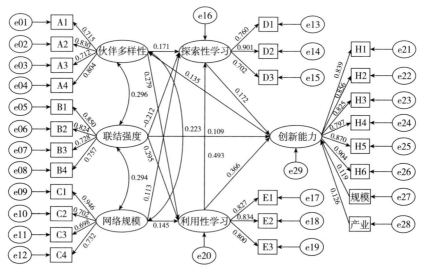

图 5-11　联盟组合网络特征对企业创新能力作用机制的最终结构方程整体模型

5.2.7 中介作用的验证与效应分解

本书参考了温忠麟等（2005）提出的因果步骤法检验组织学习是否在联盟组合网络特征影响企业创新能力的过程中起中介作用。

首先，表5-9的数据显示三个联盟组合网络特征对企业创新能力均有显著的正向作用；其次，表5-10的数据显示联盟组合伙伴多样性和网络规模对探索性学习有显著的正向作用，联结强度对探索性学习有显著负向作用，伙伴多样性、联结强度和网络规模对利用性学习都有显著的正向作用；再次，表5-11的数据显示探索性学习和利用性学习对企业创新能力均有显著正向作用；最后，表5-13的数据显示，在初始整体模型中，探索性学习和利用性学习对企业创新能力的正向作用仍然显著。

将联盟组合网络特征对企业创新能力的直接作用模型和间接作用模型进行比较，结果如表5-16所示，在三个联盟组合网络特征与企业创新能力的直接模型中加入探索性学习和利用性学习后，伙伴多样性对企业创新能力的作用系数显著降低；联结强度对企业创新能力的作用系数显著降低；网络规模对企业创新能力的作用系数降低，并且变得不显著。因此，两种学习在联盟组合对企业创新能力的影响中起到了中介作用。具体而言，探索性学习和利用性学习两个中介变量在伙伴多样性与联结强度对企业创新能力的影响中起到了部分中介作用，在网络规模对企业创新能力的影响中起到了完全中介作用，假设H6a、H6b、H6c、H6d、H6e和H6f得到了验证。

表5-16 联盟组合网络特征对企业创新能力的作用模型结果比较

假设回归路径	直接作用模型		间接作用模型	
	标准化路径系数	p	标准化路径系数	p
企业创新能力←──伙伴多样性	0.322	***	0.133	**
企业创新能力←──联结强度	0.218	***	0.107	**
企业创新能力←──网络规模	0.139	***	0.105	0.088

注：**、***分别表示在 p<0.01、p<0.001 水平下显著（双尾检验）。

本书通过模型效应分解说明各条路径的关系，从表5-17可以看出，伙伴多样性和联结强度对企业创新能力有直接的和间接的正向作用，假设H6a、H6b、H6d、H6e得到了验证；网络规模对企业创新能力有间接的正向作用，假设H6c和H6f得到了验证；伙伴多样性、联结强度和网络规模对探索性学习有直接的和间接的正向作用，对利用性学习有直接的正向作用；利用性学习对探索性学习有直接的正向作用，探索性学习对企业创新能力有直接的正向作用，利用性学习对企业创新能力有直接的和间接的正向作用，假设H6g得到了验证。

表5-17　概念模型中变量之间的效应分析

效应类型	结果变量	伙伴多样性	联结强度	网络规模	探索性学习	利用性学习
总效应	探索性学习	0.309	−0.067	0.184	—	0.493
	利用性学习	0.279	0.295	0.145	—	—
	企业创新能力	0.290	0.206	0.085	0.172	0.451
直接效应	探索性学习	0.171	−0.212	0.113	—	0.493
	利用性学习	0.279	0.295	0.145	—	—
	企业创新能力	0.135	0.109	0	0.172	0.366
间接效应	探索性学习	0.138	0.145	0.071	—	0
	利用性学习	0	0	0	—	—
	企业创新能力	0.155	0.097	0.085	0	0.085

为了降低传统中介检验方法可能存在的偏误，本书采用偏差校正的非参数Bootstrap法，通过SPSS 22.0进行了5000次Bootstrap抽样以计算中介效应。若95%置信区间（CI）中不包含0值，则说明中介效应显著，反之则不显著。表5-18列出了中介效应的点估计值及其偏差校正的95%置信区间，表中数据显示所有路径的95%置信区间（CI）中均不包含0值，由此可知探索性学习和利用性学习在联盟组合网络特征与企业创新能力的关系中起到中介作用，探索性学习在利用性学习影响企业创新能力的过程中起到了中介作用，假设H6a、H6b、H6c、H6d、H6e、H6f和H6g得到了验证。

表 5-18　中介效应显著性 Bootstrap 检验分析结果

中介路径	完全标准化中介效应	95%置信区间	
		下限	上限
伙伴多样性——→探索性学习——→企业创新能力	0.127***	-0.205	-0.097
联结强度——→探索性学习——→企业创新能力	0.194**	0.892	1.613
网络规模——→探索性学习——→企业创新能力	0.255*	2.383	4.446
伙伴多样性——→利用性学习——→企业创新能力	0.169***	-0.176	-0.068
联结强度——→利用性学习——→企业创新能力	0.209***	1.071	3.937
网络规模——→利用性学习——→企业创新能力	0.048*	-0.172	-0.065
利用性学习——→探索性学习——→企业创新能力	0.236***	2.107	3.586

注：*、**、*** 分别表示在 $p<0.05$、$p<0.01$、$p<0.001$ 水平下显著。

5.3　环境动态性与技术战略导向调节效应的多元回归分析检验

本节运用多元回归分析法，验证环境动态性和技术战略导向分别对联盟组合网络特征对探索性学习和利用性学习的影响的调节作用机制假设。

5.3.1　相关性分析

首先对变量间的相关性进行分析，表 5-19 中的数据显示，三个联盟组合网络特征、探索性学习、利用性学习、环境动态性和技术战略导向之间都具有显著的相关关系，且系数偏小，可以进行下一步的回归检验。

表 5-19　描述统计分析及各变量间相关关系（N=169）

变量	1	2	3	4	5	6	7	8	9	10
1. 企业年龄	1									
2. 企业规模	0.187*	1								
3. 产业类型	0.070	0.012	1							

续表

变量	1	2	3	4	5	6	7	8	9	10
4. 网络规模	0.543*	0.612*	0.058	1						
5. 联结强度	0.068	0.045	0.012	0.360*	1					
6. 伙伴多样性	0.041	0.037	0.015*	0.140*	0.169*	1				
7. 探索性学习	0.246*	0.036	0.048*	0.259*	−0.206*	0.353*	1			
8. 利用性学习	0.323*	0.213*	0.026	0.426*	0.338*	0.410*	0.464*	1		
9. 环境动态性	0.076	0.023	0.548*	0.039*	0.412*	0.013*	0.352*	0.202*	1	
10. 技术战略导向	0.031	0.046	0.026	0.051*	0.531*	0.256*	0.318*	0.235*	0.431*	1
均值	8.056	2.015	0.985	4.836	3.219	5.030	2.010	6.315	4.012	3.562
标准差	6.322	0.542	0.013	1.033	0.890	1.076	1.036	1.008	1.063	1.879

注：* 分别表示在 $p < 0.05$ 水平下显著（双尾检验）。

5.3.2　回归三大问题检验

为确保所得结论的严谨性和科学性，需要对回归模型进行多重共线性、序列相关和异方差检验（马庆国，2002）。首先将交互项变量做中心化处理（温忠麟等，2005），然后计算 VIF 值和 DW 值，计算结果显示，所有变量的 VIF 值在 1.382~1.769，模型的 DW 值为 1.625~2.015，说明多重共线性问题和序列相关问题不存在。如表 5-20 所示。本书中回归模型的残差项散点图的分布并没有呈现出规律性，说明异方差问题也不存在。

表 5-20　多元回归三大问题检验方法和标准

评价指标	多重共线性	序列相关	异方差检验
通过标准	0<VIF<10	1.5<DW<2.5	残差项散点图随机分布

5.3.3　回归分析结果

5.3.3.1　探索性学习回归结果

本节利用多元回归分析法检验环境动态性和技术战略导向对三个联盟组合

网络特征影响探索性学习的调节效应。由于利用性学习对探索性学习有显著的正向影响，故而在控制变量中加入利用性学习，以消除利用性学习对整个调节效应模型检验的影响。检验结果如表5-21所示。

表5-21　环境动态性与技术战略导向对联盟组合网络特征与探索性
学习关系影响的回归结果

	探索性学习			
	模型1	模型2	模型3	模型4
常数项	4.453***	4.008***	5.061***	3.142***
控制变量				
企业年龄	0.128	0.013	0.028	0.004
企业规模	−0.205	−0.029	−0.027	−0.020
产业类型	−0.069	−0.017	−0.064	−0.002
利用性学习	0.315***	0.305***	0.340***	0.207***
解释变量				
伙伴多样性	0.429***	0.404**	0.437**	0.335*
联结强度	−0.185*	−0.154*	−0.170*	−0.153*
网络规模	0.341*	0.289*	0.131+	0.115+
调节变量				
环境动态性	−0.261	−0.075	−0.054	−0.037
技术战略导向	0.220*	0.176*	0.192*	0.145+
交互项				
伙伴多样性×环境动态性		0.064*		0.004*
联结强度×环境动态性		−0.083*		−0.076*
网络规模×环境动态性		0.046		0.011
伙伴多样性×技术战略导向			0.081*	0.071*
联结强度×技术战略导向			0.077	0.058
网络规模×技术战略导向			0.068*	0.030+
模型统计量				
R^2	0.312	0.395	0.376	0.399
调整后的R^2	0.307	0.358	0.344	0.360
F统计值	13.338***	12.816***	11.700***	10.423***

注：+、*、**、*** 分别表示在$p<0.1$、$p<0.05$、$p<0.01$、$p<0.001$水平下显著（双尾检验）。

模型 1 是基础模型，检验的是三个联盟组合网络特征、环境动态性以及技术战略导向和探索性学习之间的关系。数据显示，伙伴多样性对探索性学习有显著正向影响（$\beta = 0.429$，$p < 0.001$），联结强度对探索性学习有显著负向影响（$\beta = -0.185$，$p < 0.05$），网络规模对探索性学习有显著正向影响（$\beta = 0.341$，$p < 0.05$）。

在模型 2 中，伙伴多样性和环境动态性交互项的回归系数 $\beta = 0.064$（$p < 0.05$），在模型 4 中，其回归系数 $\beta = 0.004$（$p < 0.05$），说明环境动态性正向调节伙伴多样性对探索性学习的正向影响过程，H7a 通过验证；在模型 2 中，联结强度和环境动态性交互项的回归系数 $\beta = -0.083$（$p < 0.05$），在模型 4 中，其回归系数 $\beta = -0.076$（$p < 0.05$），说明环境动态性强化了联结强度对探索性学习的负向影响过程，H8a 通过了验证；在模型 2 中，网络规模和环境动态性交互项的回归系数 $\beta = 0.046$（$p > 0.1$），在模型 4 中，其回归系数 $\beta = 0.011$（$p > 0.1$），说明环境动态性强化网络规模与探索性学习间正向关系的作用未得到证实，H9a 没通过验证。

在模型 3 中，伙伴多样性和技术战略导向交互项的回归系数 $\beta = 0.081$（$p < 0.05$），在模型 4 中，其回归系数 $\beta = 0.071$（$p < 0.05$），说明技术战略导向正向调节伙伴多样性与探索性学习间的正向关系，H10a 通过了验证；联结强度和技术战略导向交互项的回归系数 $\beta = 0.077$（$p > 0.1$），在模型 4 中，其回归系数 $\beta = 0.058$（$p > 0.1$），说明技术战略导向强化联结强度与探索性学习间负向关系的调节作用未得到证实，H11a 没通过验证；网络规模和技术战略导向交互项的回归系数 $\beta = 0.068$（$p < 0.05$），在模型 4 中，其回归系数 $\beta = 0.030$（$p < 0.1$），说明技术战略导向正向调节网络规模对探索性学习的影响过程，H12a 通过了验证。

5.3.3.2 利用性学习回归结果

本节利用多元回归分析法检验环境动态性和技术战略导向对三个联盟组合网络特征影响利用性学习的调节效应。检验结果如表 5-22 所示。

模型 5 是基础模型，检验的是三个联盟组合网络特征、环境动态性以及技术战略导向和利用性学习之间的关系。数据显示，伙伴多样性、联结强度和网络规模对利用性学习都具有显著的影响，其回归系数分别为 $\beta = 0.237$（$p < 0.01$）、$\beta = 0.333$（$p < 0.01$）、$\beta = 0.205$（$p < 0.01$）。

表5-22　环境动态性与技术战略导向对联盟组合网络特征与利用性
学习关系影响的回归结果

	利用性学习			
	模型5	模型6	模型7	模型8
常数项	4.053***	4.052***	4.458***	4.329***
控制变量				
企业年龄	0.328	0.043	0.028	-0.007
企业规模	0.030*	0.056*	0.061*	0.058+
产业类型	0.305	0.328	0.312	-0.256
解释变量				
伙伴多样性	0.237**	0.232**	0.209*	0.201*
联结强度	0.333**	0.311**	0.552**	0.304*
网络规模	0.205**	0.118+	0.257*	0.042+
调节变量				
环境动态性	0.318	0.354	0.067+	
技术战略导向	0.247	0.312*	0.209*	
交互项				
伙伴多样性×环境动态性		-0.228*		-0.209+
联结强度×环境动态性		-0.031		-0.024
网络规模×环境动态性		-0.136**		-0.057*
伙伴多样性×技术战略导向			0.268*	0.126*
联结强度×技术战略导向			0.271*	0.202*
网络规模×技术战略导向			0.121*	0.005+
模型统计量				
R^2	0.328	0.410	0.492	0.507
调整后的 R^2	0.310	0.392	0.436	0.476
F统计值	15.893***	13.871***	14.203***	12.122***

注：+、*、**、***分别表示在 $p<0.1$、$p<0.05$、$p<0.01$、$p<0.001$ 水平下显著（双尾检验）。

在模型6中，伙伴多样性和环境动态性的交互项回归系数 β=-0.228（$p<$
0.05），在模型8中，其回归系数 β=-0.209（$p<0.1$），说明环境动态性对伙
伴多样性与利用性学习间关系的负向调节作用得到证实，H7b得到了验证；在

模型 6 中，联结强度和环境动态性的回归系数 β=−0.031（p>0.1），在模型 8 中，其回归系数 β=−0.024（p>0.1），环境动态性强化联结强度促进利用性学习的作用不明显，H8b 没通过验证；在模型 6 中，网络规模和环境动态性交互项的回归系数 β=−0.136（p<0.01），在模型 8 中，其回归系数 β=−0.057（p<0.05），说明环境动态性弱化了网络规模与利用性学习间的关系，H9b 得到了验证。

在模型 7 中，伙伴多样性和技术战略导向交互项的回归系数 β=0.268（p<0.05），在模型 8 中，其回归系数 β=0.126（p<0.05），说明技术战略导向强化了伙伴多样性与利用性学习间的正向关系，H10b 得到了验证；在模型 7 中，联结强度和技术战略导向交互项的回归系数 β=0.271（p<0.05），在模型 8 中，其回归系数 β=0.202（p<0.05），说明技术战略导向强化了联结强度与利用性学习间的正向关系，H11b 通过了验证；在模型 7 中，网络规模和技术战略导向交互项的回归系数 β=0.121（p<0.05），在模型 8 中，其回归系数 β=0.005（p<0.1），说明技术战略导向正向调节网络规模对利用性学习的作用，H12b 得到了验证。

5.4 结果与讨论

5.4.1 实证研究结果汇总

本章通过结构方程模型和多元回归分析检验了第 3 章提出的假设，实证检验结果如表 5-23 所示。

表 5-23 联盟组合网络特征对企业创新能力影响机制的假设验证汇总

假设	内容	验证结果
H1a	伙伴多样性对企业创新能力有正向影响	通过
H1b	联结强度对企业创新能力有正向影响	通过

续表

假设	内容	验证结果
H1c	网络规模对企业创新能力有正向影响	通过
H2a	伙伴多样性对探索性学习有正向影响	通过
H2b	伙伴多样性对利用性学习有正向影响	通过
H3a	联结强度对探索性学习有负向影响	通过
H3b	联结强度对利用性学习有正向影响	通过
H4a	网络规模对探索性学习有正向影响	通过
H4b	网络规模对利用性学习有正向影响	通过
H5a	探索性学习对企业创新能力有正向影响	通过
H5b	利用性学习对企业创新能力有正向影响	通过
H5c	利用性学习对探索性学习有正向影响	通过
H6a	探索性学习在伙伴多样性对企业创新能力的影响中起中介作用	通过
H6b	探索性学习在联结强度对企业创新能力的影响中起中介作用	通过
H6c	探索性学习在网络规模对企业创新能力的影响中起中介作用	通过
H6d	利用性学习在伙伴多样性对企业创新能力的影响中起中介作用	通过
H6e	利用性学习在联结强度对企业创新能力的影响中起中介作用	通过
H6f	利用性学习在网络规模对企业创新能力的影响中起中介作用	通过
H6g	探索性学习在利用性学习对企业创新能力的影响中起中介作用	通过
H7	环境动态性在伙伴多样性与组织学习的关系中起调节作用	通过
H7a	环境动态性强化了伙伴多样性对探索性学习的正向影响	通过
H7b	环境动态性弱化了伙伴多样性对利用性学习的正向影响	通过
H8	环境动态性在联结强度与组织学习的关系中起调节作用	部分通过
H8a	环境动态性强化了联结强度对探索性学习的负向影响	通过
H8b	环境动态性强化了联结强度对利用性学习的正向影响	不通过
H9	环境动态性在网络规模与组织学习的关系中起调节作用	部分通过
H9a	环境动态性强化了网络规模对探索性学习的正向影响	不通过
H9b	环境动态性弱化了网络规模对利用性学习的正向影响	通过
H10	技术战略导向在伙伴多样性与组织学习的关系中起调节作用	通过
H10a	技术战略导向强化了伙伴多样性对探索性学习的正向影响	通过
H10b	技术战略导向强化了伙伴多样性对利用性学习的正向影响	通过
H11	技术战略导向在联结强度与组织学习的关系中起调节作用	部分通过
H11a	技术战略导向强化了联结强度对探索性学习的负向影响	不通过

假设	内容	验证结果
H11b	技术战略导向强化了联结强度对利用性学习的正向影响	通过
H12	技术战略导向在网络规模与组织学习的关系中起调节作用	通过
H12a	技术战略导向强化了网络规模对探索性学习的正向影响	通过
H12b	技术战略导向强化了网络规模对利用性学习的正向影响	通过

根据以上研究假设的验证结果以及最终确立的结构方程模型，联盟组合网络特征对企业创新能力影响机制的概念模型修正如图 5-12 所示。在下文中将进一步分析讨论实证结果。

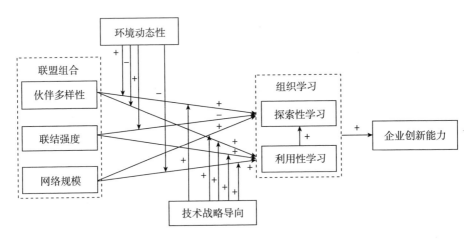

图 5-12　联盟组合网络特征对企业创新能力影响机制概念模型修正

5.4.2　联盟组合网络特征与企业创新能力关系讨论

本书证实了联盟组合伙伴多样性、联结强度和网络规模均能提高焦点企业创新能力。具体而言：

（1）伙伴多样性促进了企业创新能力提升。从表 5-9 可以看出，"企业创新能力←——伙伴多样性"的标准化路径系数为 0.322（p<0.001），表明伙伴多样性对焦点企业创新能力有显著的积极作用。这与 Lavie 和 Rosenkopf（2006）、Kim 和 Higgins（2007）、Cui 和 O'Connor（2012）、Subramanian 和 Soh

（2017）等的研究结论类似，异质性的联盟成员有助于焦点企业获取多样化的市场和资源，接触到不同技术领域内的新思想，弥补其固有资源禀赋的不足和技术缺口，打破原有的思维定式，重新构架新技术和新产品，促进企业创新能力提升，这些优势在突破性创新（Datta and Jessup，2013）和技术冲击创造出新资源需求（Martinez et al.，2017）时更为明显。

（2）联结强度能够促进企业创新能力提升。从表5-9可以看出，"企业创新能力←——联结强度"的标准化路径系数为0.218（p<0.001），表明联结强度对焦点企业创新能力有显著的积极作用。这与Lavie（2009）、Fames等（2012）、Haider和Mariotti（2016）等的研究结论类似，强联结关系生成的信任有利于伙伴间隐性复杂知识的转移和深度挖掘，极大地促进了焦点企业在现有技术领域内进行流程、工艺和产品性能的改进与技术能力的提高。而在这一过程中，人力资本和技术资本都将得到显著提高，这为企业开展新技术和新产品研发奠定了良好的基础，最终促进企业创新能力的提高。

（3）网络规模促进了企业创新能力提升。从表5-9可以看出，"企业创新能力←——网络规模"的标准化路径系数为0.139（p<0.001），表明网络规模对焦点企业创新能力有显著的积极作用。这与Shan等（1994）的研究结论类似：一方面，网络规模在一定程度上决定了联盟组合中蕴含资源的数量，网络规模越大，焦点企业接触到的资源、知识和技术就有可能越多，企业通过加强创新搜索，从丰富的资源中获取和利用有价值的资源的可能性就越大；另一方面，联盟组合是以焦点企业为中心的自我中心网络，网络规模是由与焦点企业直接联系的伙伴数量决定的，焦点企业直接联系的伙伴数量越多，其占据的结构洞就可能越多，就越有利于加强自己的中心地位，这样的网络位置有利于焦点企业充分聚集、整合和利用网络中的各方资源进行创新。

5.4.3 组织学习的中介作用讨论

5.4.3.1 探索性学习对利用性学习与企业创新能力关系的中介作用

本书实证了探索性学习和利用性学习对焦点企业创新能力有显著的正向影

响，以及利用性学习可以通过探索性学习的中介作用显著地提高企业创新能力。

首先，探索性学习对焦点企业创新能力有正向影响。在最终确定的结构方程模型中，"企业创新能力←——探索性学习"的标准化路径系数为 0.172（p<0.001），说明探索性学习对焦点企业创新能力有显著的正效应（见表 5-15）。这与 Karim 和 Mitchell（2000）、Garcia（2003）的研究结论一致，说明企业可以通过开展探索性学习，加强联盟中新颖性知识和企业已有知识的重新组合以及新知识创造，以此来产生新技术、新产品并开拓新市场，从而提高企业创新能力。

其次，利用性学习能促进探索性学习的正向提高。在最终确立的结构方程模型中，"探索性学习←——利用性学习"的标准化路径系数为 0.493（p<0.001），说明利用性学习促进了探索性学习的发展（见表 5-15）。这与 Stettner 等（2014）等的研究结论一致，说明良好的利用性学习经验和能力能够促进企业更加有效地探索全新的领域。

最后，利用性学习对企业创新能力有直接和间接的促进作用。如表 5-15 所示，在最终确立的结构方程模型中，"企业创新能力←——利用性学习"的标准化路径系数为 0.366（p<0.001）。这与蔡彬清和陈国宏（2013）、朱兵等（2010）的研究结论一致，说明利用性学习能够在联盟伙伴中充分搜索同质资源，并深度挖掘同质资源的创新价值，从而直接促进企业创新能力的提高。同时，表 5-17 中的变量间效应分解数据显示，利用性学习对企业创新能力的直接效应系数为 0.366，间接效应系数为 0.085，总效应为直接效应和间接效应之和，总效应系数为 0.451，再结合表 5-18 的 Bootstrap 检验分析结果可以看出，利用性学习不仅可以直接促进企业创新能力的提高，还可以通过促进探索性学习的发展进而对企业创新能力产生间接的正向影响。

5.4.3.2 组织学习对伙伴多样性与企业创新能力关系的中介作用

本书实证了探索性学习和利用性学习在伙伴多样性促进企业创新能力提高的过程中发挥了中介作用。

首先，探索性学习是伙伴多样性提升企业创新能力的重要路径。在表 5-15 中，最终整体模型的拟合参数显示"探索性学习←——伙伴多样性"的标准化路径系数为 0.171（p<0.001），说明伙伴多样性对焦点企业的探索性学习有显著的正效应。不同的合作伙伴拥有不同的资源，差异化的伙伴分布使焦点企业可以在拓宽了的资源池中获取非冗余的技术知识。例如，大学和公共研究机构提供定制的、前沿的技术（Tether and Tajar，2008），供应商拥有与生产过程和输入特征相关的知识（UN and Asakawa，2015），而用户往往是新产品创意的来源（Hernandez-Espallardo et al.，2011），而这都将促进企业探索性学习的开展。此外，"企业创新能力←──探索性学习"的标准化路径系数为 0.172（p<0.001）。与此同时，表 5-17 中的变量间效应分解数据显示，伙伴多样性对企业创新能力的直接效应系数为 0.135，间接效应系数为 0.155，总效应系数为 0.290，再结合表 5-18 的 Bootstrap 检验分析结果可以看出，探索性学习在伙伴多样性促进企业创新能力提升中具有部分中介作用。

其次，利用性学习也是伙伴多样性提升企业创新能力的重要路径。在表 5-15 中，最终整体模型的拟合参数显示"利用性学习←──伙伴多样性"的标准化路径系数为 0.279（p<0.001），这说明伙伴多样性对焦点企业的利用性学习有显著的正效应。例如，与竞争对手的合作提供了获取特定行业技术资源的途径和共享的可能性（Gnyawali and Park，2011），与咨询机构和私人研究机构合作有利于获取工程能力或营销知识，这都有助于企业开展利用性学习、提高技术的商业化水平（Tether and Tajar，2008）；此外，"企业创新能力←──利用性学习"的标准化路径系数为 0.366（p<0.001），与此同时，表 5-17 中的变量间效应分解数据显示，伙伴多样性对企业创新能力的直接效应系数为 0.135，间接效应系数为 0.155，总效应系数为 0.290，再结合表 5-18 的 Boot-strap 检验分析结果可以看出，利用性学习部分中介了伙伴多样性对焦点企业创新能力的正向影响。加之，本书此前讨论了利用性学习对探索性学习有促进作用，因此利用性学习对伙伴多样性与企业创新能力关系的中介效应中有一部分是通过促进探索性学习间接产生的。

综上所述，联盟组合伙伴多样性能正向影响焦点企业创新能力。焦点企业在构建联盟组合时，应该扩大联盟伙伴种类的多样性，并拓宽伙伴的地域分布范围以及行业分布范围，以促进探索性学习和利用性学习，从而最大化联盟资源的创新价值获取。

值得注意的是，部分学者认为联盟组合伙伴多样性并不总是有利于企业创新能力的提高，二者呈倒"U"形关系，即起初伙伴多样性的增加有助于提高企业创新能力，但当伙伴多样性达到一定程度时，其对企业创新能力提高的边际效应递减（Oerlemans et al.，2013；Wuyts and Dutta，2014；Martinez et al.，2017；殷俊杰和邵云飞，2017；Chung et al.，2019；Martinez et al.，2019）。但是，本书的实证结果显示，伙伴多样性对焦点企业创新能力有正向影响，这可能是因为研究样本主要集中于高新技术产业，而尽管目前我国高新技术企业的技术水平提升很快，但多数高新技术企业的研发合作活动以及国际化尚未进入高级阶段，远未达到联盟伙伴多样性影响创新能力的拐点位置。而大部分发达国家的高新技术企业为了引领技术发展方向和提高技术创新效率，其在联盟中开展研发活动的强度和频率都较高，伙伴的多样化程度也呈现更高的特征。这些技术发达的高新技术企业的联盟伙伴多样性对创新能力的积极作用可能到达了拐点位置，甚至已经显现出负向效应。因此，未来研究可以选取发达国家的企业样本来检验联盟组合伙伴多样性与创新能力之间的倒"U"形关系。

5.4.3.3　组织学习对联结强度与企业创新能力关系的中介作用

本书还证实了探索性学习与利用性学习在联结强度与企业创新能力之间的关系中起中介作用。

首先，联结强度负向影响探索性学习进而不利于企业创新能力的提升。在表5-15中，最终整体模型的拟合参数显示"探索性学习←——联结强度"的标准化路径系数为-0.212（$p<0.001$），说明联结强度对焦点企业的探索性学习有显著的负效应，即联盟伙伴间频繁、紧密的强关系带来的往往是彼此熟悉的冗余知识，不利于探索性学习的开展；反之，不经常、不紧密的弱关系通常促进了焦点企业广搜索惯例的形成，其有利于企业获取非冗余知识，从而促进探索性学习发展。此外，"企业创新能力←——探索性学习"的标准化路径系数为0.172（$p<0.001$），与此同时，表5-17中的变量间效应分解数据显示，联结强度对企业创新能力的直接效应系数为0.109，间接效应系数为0.097，总效应系数为0.206，再结合表5-18的Bootstrap检验分析结果可以看出，探索性学习部分中介了联结强度与企业创新能力的正向关系。

其次，联结强度通过利用性学习提升企业创新能力。在表5-15中，最终整体模型的拟合参数显示"利用性学习←——联结强度"的标准化路径系数为0.295

（p<0.001），说明联结强度对焦点企业的利用性学习有显著的正效应。联盟伙伴间的强联系生成的信任允许组织间更大的开放和合作，互动主体更有可能通过付出努力来确保伙伴充分理解和深度挖掘交换的缄默知识（Phelps et al.，2012），从而明显促进了利用性学习。此外，"企业创新能力←——利用性学习"的标准化路径系数为0.366（p<0.001），与此同时，表5-17中的变量间效应分解数据显示，联结强度对企业创新能力的直接效应系数为0.109，间接效应系数为0.097，总效应系数为0.206，再结合表5-18的Bootstrap检验分析结果可以看出，利用性学习在联结强度促进企业创新能力提升中具有部分中介作用。此外，本书之前讨论了利用性学习对探索性学习有促进作用，因此利用性学习对联结强度与企业创新能力关系的中介效应中有一部分是通过促进探索性学习间接产生的。

综上所述，一方面，联盟关系越强越有助于创造关系租，促进伙伴间缄默知识的共享、信任的增强和冲突的解决等（Lavie，2009；Faems et al.，2012），从而越有利于企业创新能力的提高；另一方面，随着联结强度的增加，也会产生过度资源依赖、降低柔性和市场响应能力、催生同质化的封闭网络等负面影响（Capaldo，2007），从而不利于企业创新能力的提高。但是，本书的实证结果是联结强度对焦点企业创新能力有正向影响，总效应为0.206，可能的原因在于：第一，虽然过强的联结关系抑制了探索性学习，从而不利于企业创新能力的提高，但强联结关系极大地促进了利用性学习，进而促进了企业创新能力提高，同时，利用性学习还能通过促进探索性学习间接提高企业创新能力，当强联结通过利用性学习对创新能力产生的正向效应超出了强联结通过探索性学习对创新能力产生的负向效应时，企业创新能力依然会随着联结强度的增大而提高。第二，本书的样本主要集中于高新技术产业，尽管我国高新技术企业的学习强度逐渐提高，但是大部分高新技术企业仍然以利用性学习为主，这导致强联结关系可以极大地促进利用性学习的开展，并提高企业技术能力。由于大部分高新技术企业的探索性学习开展不足，所以强联结关系通过抑制企业探索性学习进而阻碍突破性创新能力提高的负面影响还未完全显现出来。而发达国家技术先进的企业有很强的能力和意愿开展探索性学习，使得联盟组合中过多的强联结对探索性学习和创新能力的负向效应就很容易显现出来。因此，未来研究可以选取发达国家的企业样本来检验联盟组合伙伴间的联结强度与创新能力之间的倒"U"形关系。

5.4.3.4 组织学习对网络规模与企业创新能力关系的中介作用

本书同样证实了探索性学习与利用性学习在网络规模与企业创新能力之间的关系中起中介作用。

首先，网络规模通过探索性学习提升企业创新能力。在表5-15中，最终整体模型的拟合参数显示"探索性学习←——网络规模"的标准化路径系数为0.113（p<0.01），这说明网络规模对焦点企业的探索性学习有显著的正效应。表明网络规模越大，焦点企业在网络中直接结盟对象就越多，合作范围就越宽广，接触到新颖性和异质性知识的可能性就越大，也越有利于企业开展探索性学习。此外，"企业创新能力←——探索性学习"的标准化路径系数为0.172（p<0.001），与此同时，表5-17中的变量间效应分解数据显示，网络规模对企业创新能力的直接效应系数为0，间接效应系数为0.085，总效应系数为0.085，再结合表5-18的Bootstrap检验分析结果可以看出，探索性学习在网络规模促进企业创新能力提升中具有完全中介作用。

其次，网络规模通过利用性学习提升企业创新能力。在表5-15中，最终整体模型的拟合参数显示"利用性学习←——网络规模"的标准化路径系数为0.145（p<0.01），说明网络规模对焦点企业的利用性学习有显著的正效应。表明网络规模越大，焦点企业的网络中心位置就可能越大，从而控制网络中资源流向的关键路径，从中充分获取和挖掘同质知识的资源基础就越好，就越有利于促进利用性学习。此外，"企业创新能力←——利用性学习"的标准化路径系数为0.366（p<0.001），与此同时，表5-17中的变量间效应分解数据显示，网络规模对企业创新能力的直接效应系数为0，间接效应系数为0.085，总效应系数为0.085，再结合表5-18的Bootstrap检验分析结果可以看出，利用性学习在网络规模促进企业创新能力提升中具有完全中介作用。加之，本书此前论述了利用性学习对探索性学习有促进作用，因此利用性学习对网络规模与企业创新能力关系的完全中介效应中有一部分是通过促进探索性学习间接产生的。

综上所述，网络规模通过探索性学习和利用性学习促进了焦点企业创新能力的提升。但也有学者认为联盟组合规模并非越大越好，规模和焦点企业开发新产品的能力呈倒"U"形曲线关系，即一旦焦点企业的联盟组合超过一定规模，其收益边际递减（Deeds and Hill，1996）。但是，本书的实证结果是联结强度对焦点企业创新能力有正向影响，这可能是因为从样本企业的联盟组合规模均值在4左右，由此认为样本企业的联盟组合规模还不大，还未达到负向影响企业创新能力的拐点。这需要在后续研究中扩大样本的抽样范围，在尽可能多的样本中检验联盟组合规模与企业创新能力的关系。除此之外，也有学者认为，单就联盟组合规模本身来说，很难预测企业创新绩效，联盟组合规模应该和网络宽度、配置效率以及伙伴质量等因素结合起来，才能更好地解释企业创新绩效，这是今后开展研究的一个有价值的方向。

5.4.4　环境动态性与技术战略导向的调节作用讨论

由表5-21和表5-22可以看出，环境动态性对伙伴多样性与探索性学习关系、伙伴多样性与利用性学习关系、联结强度与探索性学习关系以及网络规模与利用性学习关系具有显著的调节作用。技术战略导向对伙伴多样性与探索性学习关系、伙伴多样性与利用性学习关系、联结强度与利用性学习关系、网络规模与探索性学习关系以及网络规模与利用性学习关系具有显著的调节作用。接下来，对调节作用的实证研究结果做进一步讨论。

5.4.4.1　环境动态性对伙伴多样性与组织学习关系的调节效应

由上述回归分析结果可知，本书假设H7a通过了验证，即环境动态性越高，联盟组合伙伴多样性对探索性学习的正向效应越显著，如图5-13（a）所示。而本书假设H7b也通过了验证，即环境动态性越高，伙伴多样性对利用性学习的正向效应越不显著。换句话说，在相对稳定的环境中，伙伴多样性对利用性学习的促进作用将被强化，如图5-13（b）所示。

探索性学习的本质是专注于新知识的获取与利用，利用性学习的本质则是专注现有知识的深度挖掘（March，1991）。这决定了在动态环境中，焦点企业应该在联盟组合中加强创新搜索的广泛性和异质性，以更好地推动探索性学习的发展，以整合和应用多样性伙伴中异质的、新颖的知识，促进创新能力的提升。在稳定的环境中，焦点企业应该促进窄搜索惯例的形成与保持，聚焦于在现有供应商、客户中进行现有知识的深度凝练、应用和延伸，从而提升企业创新能力。

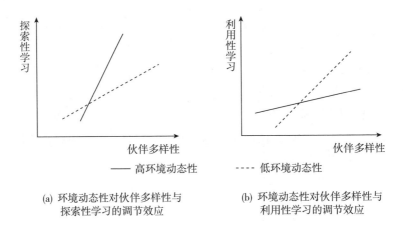

(a) 环境动态性对伙伴多样性与
探索性学习的调节效应

(b) 环境动态性对伙伴多样性与
利用性学习的调节效应

图 5-13　环境动态性对伙伴多样性与组织学习的调节效应

5.4.4.2　环境动态性对联结强度与组织学习关系的调节效应

由上述回归分析结果可知，与预期假设相一致，本书假设 H8a 通过了验证，即环境动态性越高，联结强度对探索性学习的抑制作用越明显（见图 5-14）。

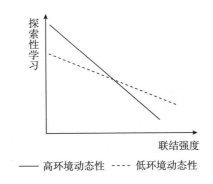

图 5-14　环境动态性对联结强度与探索性学习的调节效应

动态环境中顾客构成和偏好不断变化、行业技术迭代速度加快、技术范式变迁频繁，这种趋势会削弱焦点企业拥有资源的匹配度，因此弱联结关系的建立需要得到重视。弱联结关系的维持成本低，在资源约束的情况下可以建立更多的弱联结关系，这样可以为企业及时传递更多的新信息和新资源，同时，焦点企业及时建立探索性学习模式，通过探索性学习利用弱联结关系中的新信息和新资源，研发新技术、开发新产品和开拓新市场，才能应对环境变化带来的挑战和压力。

本书假设 H8b 没有通过验证，即环境动态性强化联结强度与利用性学习正向关系的作用并不显著。可能的原因是，样本企业的利用性学习水平较高，无论是在动态环境中还是在稳定环境中，企业利用性学习的惯例都很强，它们并没能清楚地感知动态环境对强联结关系和利用性学习正相关关系的强化作用。这需要在后续的研究中加大样本量，并多地域采集样本，再次检验该假设。

5.4.4.3 环境动态性对网络规模与组织学习关系的调节效应

本书假设 H9a 没有通过验证，即环境动态性对网络规模与探索性学习关系的正向调节效应并不显著。可能的原因是，在高动态环境中，虽然企业更倾向于在更广泛的联盟组合网络中搜寻资源以突破现有资源约束，但现阶段，我国大部分企业以利用性学习为主，探索性学习开展不足，虽然理论上利用性学习模式可以向探索式学习模式转化，实现间断性平衡（O'Reilly and Tushman，2013），但在实践操作层面，由于二者在目标、管理思维、流程等方面显著不同，其相互转化是需要条件的：第一，在相对稳定的环境下，组织才有足够的时间和精力来协调学习模式转化活动；第二，企业需要调整其组织结构与组织学习模式适应，通常来说，探索性学习更需要有机式组织结构的支撑，利用式学习则更需要扁平式组织结构的支撑。这种组织结构的变化会遇到来自组织内部的阻力，并给企业带来动荡。因此，在高动态环境中，我国大部分企业在扩大的联盟组合网络中转变组织学习模式面临很大的困难，研究结果没能体现出环境动态性对网络规模与探索性学习关系的正向调节效应。

本书假设 H9b 通过了验证，即在高动态环境中，网络规模对利用性学习的促进作用减弱（见图 5-15）。

研究结论显示，在动态环境下，企业现有资源约束明显，焦点企业可能会倾向于减少联盟合作数量，以降低联盟伙伴的维持成本，同时加强与现有联盟伙伴的联系，增强相互信任，促进缄默知识的跨组织转移与利用，提高生产效率，升级现有产品并降低生产成本，以克服环境动荡带来的危机。因此，环境

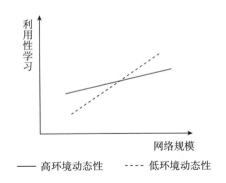

图 5-15　环境动态性对网络规模与利用性学习的调节效应

动态性增加，网络规模对利用性学习的促进作用有所减弱；相反，在稳定环境下，焦点企业现有资源相对充裕和有效，可以通过增加联盟伙伴的数量扩大资源搜索池，增加获取同质资源的途径，促进利用性学习更好地发展。

5.4.4.4　技术战略导向对伙伴多样性与组织学习关系的调节效应

由上述回归分析结果可知，假设 H10a 和假设 H10b 都通过了验证，意味着企业的技术战略导向越高，伙伴多样性对探索性学习与利用性学习的正向效应越显著。该调节机制的验证说明，高技术战略导向的企业，由于其技术战略目标清晰，致力于成为行业技术领先者，所以在联盟组合的构建过程中，联盟组合伙伴的选择就应该在类型、地理位置和行业上呈现出明显的差异性。高技术战略导向的企业会投入更多的研发资源，构建有利于学习的组织结构和企业文化，雇用更多高素质的研发人员，提供开发新产品的平台和机会，由此促使企业拥有开展探索性学习和利用性学习的资源和能力。因此，高技术战略导向的企业有充分的内部能力和网络能力促进跨组织的知识转移和整合以及新知识的创造（见图 5-16）。

5.4.4.5　技术战略导向对联结强度与组织学习关系的调节效应

由上述回归分析结果可知，假设 H11a 没有通过验证，意味着技术战略导向对联结强度与探索性学习的关系没有显著的调节效应，其可能的原因是样本企业的探索性学习比利用性学习均值低，探索性学习开展不足，企业在强联结关系中将更多的精力投向了利用性学习，无论焦点企业技术战略导向是高还是

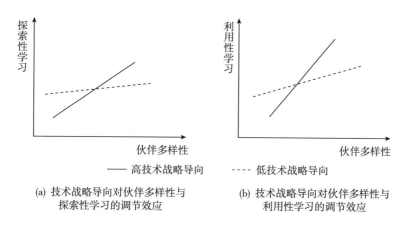

（a）技术战略导向对伙伴多样性与　　　（b）技术战略导向对伙伴多样性与
　　　探索性学习的调节效应　　　　　　　利用性学习的调节效应

图5-16　技术战略导向对伙伴多样性与组织学习的调节效应

低，其对强联结关系中的探索性学习影响都不会特别明显。

　　由上述回归分析结果可知，假设 H11b 通过了验证，即焦点企业技术战略导向越强，联结强度对利用性学习的正向影响越显著。焦点企业技术战略导向越弱，联结强度对利用性学习的正向影响越会被削弱（见图5-17）。

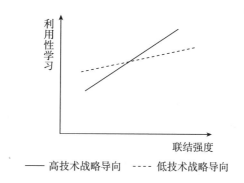

图5-17　技术战略导向对联结强度与利用性学习的调节效应

　　上述调节效应机制的验证表明，焦点企业在联盟组合强联结关系中开展利用性学习的效果，在很大程度上取决于焦点企业技术战略导向的高低。技术战略导向越高，开展利用性学习所依托的内部能力越强，资源越丰富，人力资本支持越强大。因此，焦点企业在建立和维护强联结关系时，如果能够同时拥有高技术战略导向，利用性学习效果将会更好。

5.4.4.6 技术战略导向对网络规模与组织学习关系的调节效应讨论

由回归结果可知，本书假设 H12a 和 H12b 都通过了验证，即技术战略导向越高，网络规模对探索性学习和利用性学习的正向效应越强（见图 5-18）。

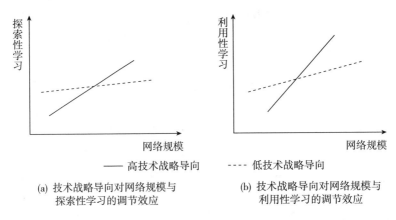

(a) 技术战略导向对网络规模与
探索性学习的调节效应

(b) 技术战略导向对网络规模与
利用性学习的调节效应

图 5-18　技术战略导向对网络规模与组织学习的调节效应

以上调节机制的验证在一定程度上说明，在我国现阶段，高新技术企业的总体技术水平与世界先进水平还有差距，企业应该建立明确的技术追赶和超越目标，并积极主动地扩大与外界的合作创新，这将同时有益于在不断扩大的合作创新网络中获取同质性和异质性知识，促进探索性学习和利用性学习。目前，面对复杂的国际环境，利用性学习的发展有利于企业保持现有产品市场，并获取持续的资金收益，从而支持企业探索性学习的开展，加快关键技术的突破性研发。可见，树立强烈的技术追赶和超越意愿以及制定科学的技术战略规划是我国高新技术企业提高竞争力的关键。

📖 本章小结

本章在第 3 章提出的联盟组合网络特征对企业创新能力影响机制的概念模型与研究假设的基础上，对通过问卷调查收集到的数据进行了分析。首先，对所构建概念模型中各变量的测量题项进行了信度检验与效度检验，检验结果表明各变量测量题项具有较好的测量结构与效果；其次，通过结构方程模型检验了包含探索性学习与利用性学习的中介效应模型；再次，用层级回归分析检验了环境动态性与技术战略导向在联盟组合网络特征与组织学习关系间的调节作用；最后，对实证研究中得出的结果进行了总结和讨论。

❻

联盟组合网络特征与企业创新能力动态演化案例研究

本书第3章、第4章和第5章围绕联盟组合网络特征对企业创新能力影响机制的概念模型进行了实证分析，得出的结论是联盟组合伙伴多样性、联结强度和网络规模三个网络特征通过影响组织学习促进企业创新能力的提升。然而，大样本的问卷研究将联盟组合网络特征、组织学习模式和创新能力当作是固定的，其无法回答在企业的发展历程中，尤其是在我国大部分企业仍然属于后发企业，创新能力一直处于对领先企业追赶阶段的情况下，企业联盟组合和组织学习是如何变化的，以及这些变化会给后发企业创新能力带来何种影响。针对以上问题，本章采用案例研究法，以属于我国新一代信息技术产业的新型平板显示行业中的企业联盟行为作为研究对象，从动态演变的视角，分析在不同的外部环境和技术战略导向下，联盟组合、组织学习和创新能力之间的动态演化关系，从而为本书逻辑框架的合理性提供实践内容上的支撑。

6.1 案例研究背景

我国大部分企业都属于后发企业，二次创新仍是当前我国后发企业实现创新能力追赶的主要模式（陈劲和吕文晶，2017）。二次创新是一个动态非线性过程，在这个过程中，越来越多的后发企业通过组建联盟组合并在其中开展组织学习，以获取知识和技术资源，从而实现创新能力的赶超。

6.1.1 二次创新相关研究

一次创新是指脱离原有技术发展轨道，形成和发展了新的技术范式和技术轨道的技术创新。二次创新是在技术引进基础上进行的技术能力持续提升的动态非线性过程。引进企业在成套引进第 I 类成熟技术后，经历模仿创新（ⅰ）、创造性模仿（ⅱ）和改进型创新（ⅲ）三个过程。在此过程中，当引进企业深入开展组织学习并实现了技术能力的不断提升后，企业再适时地将引进技术动态升级到第 II 类新兴技术或实验室技术，从而进入后二次创新（ⅳ），或称准一次创新阶段，并在组织学习的基础上开展自主 R&D，促使二次创新向一次创新跃进（吴晓波，1995），其动态演变过程如图 6-1 所示。

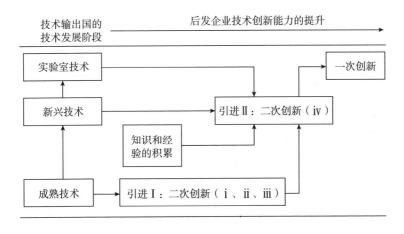

图 6-1　二次创新动态过程

资料来源：吴晓波. 二次创新的进化过程［J］. 科研管理，1995（2）：27-35.

二次创新的本质是后发企业对先进技术的学习过程，二次创新过程中组织学习的开展状况在很大程度上决定着企业创新能力的提升效果。例如，吴晓波等（2009）指出，在二次创新的不同阶段开展合适的组织学习能促进后发企业技术创新能力的提升；郭京京和吴晓波（2008）则分析了在产业集群演进过程中，不同的二次创新阶段组织学习的特点；彭新敏等（2011）发现在二次创新过程中，伴随着后发企业创新能力的提升，企业网络与组织学习平衡存在规律性的演化关系。而对于后发企业在二次创新中构建联盟组合这种自我中心网络时，探索性学习和利用性学习联盟的选择也会显著地影响企业创新能力的提升（Yamakawa et al.，2011）。如前文所述，在联盟网络条件下，受联盟网络节点特征、关系特征和结构特征的影响，组织学习可以实现间断平衡、双元平衡或混合平衡。那么，在不同的外部环境和技术战略导向情景中，厘清后发企业在二次创新动态过程中，应该选择哪种组织学习平衡模式与其联盟组合网络特征匹配以提高创新能力，就成为从动态的视角对本书概念模型的另一种验证。

6.1.2　新型平板显示行业发展现状

本书选取新型平板显示行业作为产业背景，该行业属于新一代信息技术产业，技术主要涉及薄膜晶体管液晶显示（Thin Film Transistor Liquid Crystal Display，TFT-LCD）、等离子显示器（Plasma Display Panel，PDP）、有机发光二极管显示（Organic Light Emitting Diode Display，OLED）、激光显示（Laser Display，LD）、立体显示（Stereo Display，SD）和电泳显示（Electrophoretic Display，EPD）。从20世纪90年代中期开始，以TFT-LCD为代表的新型平板显示器件迅猛发展，我国于21世纪初才正式进入该产业领域，在技术上受制于日本、韩国和中国台湾地区的技术领先企业。经过十几年的发展，我国新型平板显示行业的产量和创新能力都保持了稳中有升的良好态势，《电子世界》数据显示，中国大陆面板总产能在2019年居全球第一；在创新能力方面，以龙头企业京东方科技集团股份有限公司（BOE）为例，该公司2019年的国际专利申请量位列全球第六，连续四年进入全球PCT专利申请TOP10。尽管如此，与韩国和日本相比，我国面板技术基础研究和高阶产品力量薄弱，尤其在TFT-LCD中小尺寸面板技术和OLED大尺寸面板技术方面与三星和LG的差距仍然较大。

新型平板显示企业组建联盟组合的现象较为普遍。一方面，缘于平板显示行业具有分工高度细化、关联程度高、竞合激烈的特点，以OLED面板为例，其产业链大致分为上游、中游、下游三个主要部分（见图6-2），企业需要与上下游配套企业保持频繁密切的联系，才能保证健康的供需链条。另一方面，由于我国平板显示企业整体创新能力落后于日本和韩国，因此，企业还需要和高校、科研院所等建立技术联盟，不断加强基础研发能力。与此同时，新型平板显示是资本密集型行业，每一条生产线的建设都需要投入巨额资金，以国内 OLED 产线为例，其投资规模巨大（见表 6-1）。需要企业与银行、证券机构、地方政府融资平台等金融机构建立稳定密切的联盟关系。鉴于此，新型平板显示行业被公认为是联盟活动最频繁、最广泛的行业之一。

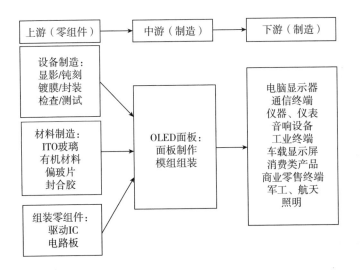

图 6-2 OLED 产业链

表 6-1 国内企业 OLED 产线

企业名称	产线类型	地点	设计产能（万片/月）	投资金额（亿元）	量产时间（年份）
京东方	6 代柔性 AMOLED 一期产线	成都	4.8	220	2017
	10.5 代 AMOLED 产线	合肥	4.5	400	2017
	6 代柔性 AMOLED 二期产线	成都	4.9	245	2018
	6 代柔性 AMOLED 产线	绵阳	4.8	465	2019
深天马	6 代柔性 AMOLED 产线	武汉	3	120	2017
国显光电	6 代 AMOLED 产线	固安	3	300	2019

续表

企业名称	产线类型	地点	设计产能（万片/月）	投资金额（亿元）	量产时间（年份）
信利光电	4.5代AMOLED一期产线	惠州	1.5	63	2017
	5.5代AMOLED二期产线	惠州	3	110	2018
华星光电	6代柔性AMOLED产线	武汉	4.5	350	2019
和辉光电	6代AMOLED产线	上海	3	273	2017
柔宇科技	类6代全柔性OLED产线	深圳	10	100	2017
鸿海/夏普	4.5代OLED试验线	高雄	4	880	2017
	6代OLED产线	高雄	3		2018
	6代OLED产线	高雄	5		2019

资料来源：根据各公司公告和安信证券研究中心数据整理。

6.2 案例分析框架

为了分析焦点企业联盟组合网络特征与创新能力的动态演化关系，本章的分析思路是在第3章建立的概念模型基础上，采用后发企业在二次创新不同阶段的六因素分析框架，即企业联盟组合网络特征通过组织学习影响创新能力，同时这一影响机制是在特定的环境及技术战略导向下发生的（见图6-3）。

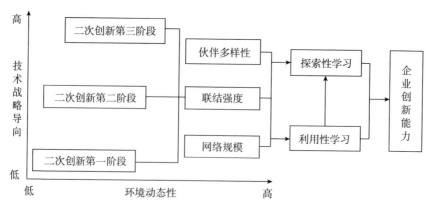

图6-3 二次创新中联盟组合与企业创新能力动态演化分析框架

6.3 研究设计与方法

6.3.1 案例研究方法

与其他研究方法相比，案例研究方法更适合解释演化过程，能够更细致和更系统地展示联盟组合网络特征、组织学习和企业创新能力等关键构念的发展变化过程，其也成为本章的研究方法。

首先，根据理论研究所处的阶段，可将案例研究划分为理论建构型案例法、理论检验型案例法与理论发展型案例法（唐权和杨立华，2016；唐权，2017）。其中，理论建构型案例法以"元理论"建构为中心，通过对新社会现象、社会领域或社会问题进行研究，以提出"原始理论"或者在现有理论成果的基础上实现质的飞跃；理论检验型案例法的目标是进一步验证现有理论是否正确；理论发展型案例研究是以现有理论为基础，通过科学规范的研究过程，改进或完善已有理论的研究方法。根据研究资料获取方式的不同，可将案例研究划分为实证型案例法、非实证型案例法与实证—非实证混合型案例法。其中，实证型案例法的研究基础是"一手资料"，资料主要来源于研究者进入现场实地观察与访谈；非实证型案例法的研究基础是"二手资料"，资料主要来源于文献、档案记录和调查问卷等；实证—非实证混合型案例法是两种资料同时采用。结合以上两类划分标准，可得到9种案例研究类型（见表6-2）（唐权和杨立华，2016）。本章的研究目的是尝试从动态演变的视角深入分析联盟组合网络特征、组织学习和企业创新能力之间的关系，回答后发企业在二次创新中联盟组合网络特征和组织学习是如何变化的，以及这些变化会给后发企业创新能力带来何种影响，是从纵向上对第3章概念模型进行验证，适合采用理论检验型案例研究法。同时，本章的研究资料有通过观察法、访谈法等实证方法获取，也有通过查询文献、档案记录等"二手资料"的非实证方法获取。因此，综合案例研究的2类划分标准，本书采用理论检验混合型案例研究法。

表6-2 案例研究类型

类型	理论建构型	理论检验型	理论发展型
非实证型	理论建构非实证型	理论检验非实证型	理论发展非实证型
实证型	理论建构实证型	理论检验实证型	理论发展实证型
实证型—非实证型	理论建构混合型	理论检验混合型	理论发展混合型

资料来源：唐权. 混合案例研究法：混合研究法在质性—实证型案例研究法中的导入［J］. 科技进步与对策，2017, 34（12）：155-160；唐权，杨立华. 再论案例研究法的属性、类型、功能与研究设计［J］. 科技进步与对策，2016, 33（9）：117-121.

其次，根据研究属性，可将案例研究划分为定性案例研究法、定量案例研究法与定性—定量混合型案例研究法（Tashukkori and Teddlie，2012）。定性案例研究法处理的是以文字为主的质性资料，定量案例研究法是以量化数据为基础，定性—定量混合型案例研究法既有质性研究的现实可感性，又具有定量研究的可测量性，还可实现研究证据的"三角论证"（唐权，2017）。鉴于此，本书先采用定性案例研究法，对通过访谈和实地观察、文献、档案记录和实物证据等途径收集到的质性资料进行分析，然后把质性资料量化，综合运用定性和定量研究方法得出结论。

最后，根据所选案例的数量将案例研究划分为单案例研究法与多案例研究法（李平和曹仰锋，2012；李平等，2019）。考虑到纵向单案例研究法可以较好地回答"怎么样"和"为什么"（Yin，2017），本书采用纵向单案例研究法实现对相关理论的验证。

本书将严格遵循理论检验型案例研究的步骤进行分析，包括提出问题—建立分析框架（或预设理论与假设）—案例选择—数据收集与分析—形成初步命题—文献对比—形成最终研究成果（理论与实践启示）。具体而言，先提出问题，即面对技术迭代速度加快和竞争异常激烈的环境，处于二次创新阶段的后发企业如何构建有效的联盟组合与组织学习的动态关系以持续地提升创新能力？进而按照第3章的概念模型建立案例分析框架，接着选取京东方作为案例企业，收集其在1993~2019年的联盟组合、组织学习、创新能力、环境动态性和技术战略导向的资料进行定性和定量分析，形成初步命题后再与现有研究成果进行对比，最后得到研究结论与实践启示。

6.3.2　案例企业选择

根据学界的普遍观点，案例选择不应该是随机的，而应按照一定的标准选取。具体来说，案例选择需要遵循对象的典型性、资料的充分性及其获取的可行性三个标准（Eisenhardt and Graebner，2007）。据此，本章选取京东方作为案例研究对象。

（1）京东方符合案例选择的典型性标准。首先，京东方属于新型平板显示行业，符合行业典型性标准。一方面，新型平板显示产品的产业链长，资源依赖性高，焦点企业需要根据资源需求构建联盟组合网络；另一方面，主导该行业发展的"王氏定理"，即每 36 个月标准显示器件价格将下降 50%，若保持价格和收益不变，产品性能必须提升 1 倍以上，有效技术的保有量必须提升 2 倍以上，该定理揭示了标准显示器件行业具有很高的技术迭代速度，创新活动非常频繁，这有助于观察产品核心技术持续快速提高过程中，国内新型平板显示企业技术学习和技术追赶的过程（马丽和邵云飞，2019）。

其次，京东方经历了技术追赶到技术引领的过程，技术发展历程具有很强的代表性。京东方的前身是北京电子管厂，1993 年进行了股份制改革，改名为东方电子集团股份有限公司，分散合资生产 CRT 及其配套产品。2001 年改为现名。随后，该公司在引进韩国现代的 OLED 和 LCD 生产技术的基础上自建和运营 TFT-LCD 生产线。目前，京东方实施的 DSH（显示器件、智慧系统、健康服务）战略，使其平板显示技术进一步向前沿和交叉领域迈进。2019年京东方国际专利申请量位列全球第六，连续四年进入全球 PCT 专利申请TOP10。《2019 年度美国专利授权量统计报告》显示，京东方专利授权量位居第十三，连续四年实现美国专利授权量和排名的双增长。京东方近 30 年的技术发展历程经历了比较完整的二次创新动态过程，构建了庞大的联盟组合网络，联盟中组织学习成效显著，成功实现了对领先企业的技术追赶（马丽和邵云飞，2019）。鉴于此，京东方非常适合本章研究框架中提出的后发企业在二次创新过程中联盟组合与组织学习的动态关系及其对企业创新能力影响的研究。

（2）京东方符合案例选择的资料充分性标准。纵向单案例研究中各构念的度量需要长期历史资料的支撑，以保证研究资料的充分性。京东方成立于1993年，至今已有26年的历史，较长的发展历程可以保证度量联盟组合网络特征、组织学习、企业创新能力、环境动态性和技术战略导向构念的资料充分性。

（3）京东方符合案例选择的资料获取便利性标准。首先，京东方在2007年成立了成都京东方光电科技有限公司（BOECD），主要业务包括研发、设计、生产、销售薄膜晶体管液晶显示器面板（TFT-LCD）和有源矩阵有机发光二极体面板（AMOLED）及相关产品。BOECD与笔者就读的电子科技大学都位于成都市高新西区，相隔约6.5千米，邻近的地理位置让笔者的调研工作具有便利性。

其次，京东方与电子科技大学有密切的研发合作。2010年，双方在成都共建电子科技大学—京东方OLED联合实验室。2017年，双方签订战略合作协议，并在电子科技大学校园内设立电子科技大学—京东方联合创新研究院。密切的校企合作关系，便于笔者实地调研京东方的技术研发状况。

再次，京东方1997年在深圳证券交易所上市，使笔者能够方便地获取其公开发布的公司年报、中期报告、业绩报告等资料。

最后，新型平板显示行业属于国家战略新兴产业，京东方在显示技术上的地位从追跑到并跑，如今再到领跑，其转变引起了国内外学者、研究机构、行业协会和媒体等的极大关注，大量的研究和报道方便了多样化资料的获取。

6.3.3 数据收集

案例研究的数据可以从实证型、非实证型与实证—非实证混合型资料中获取，多样化的数据来源可以提高案例的建构效度（Yin，2017）。本书主要采用实证—非实证混合型资料中的数据，具体而言，先通过查找有关京东方的文献资料和档案记录，了解其二次创新过程中联盟组合网络特征、组织学习、创新能力、环境动态性和技术战略导向的情况，然后对需要加深了解和理解以及需要补充的资料通过人员访谈和实物证据观察的方式获取。

6.3.3.1 文献资料

第一，在CNKI数据库中检索期刊论文和博士硕士学位论文。首先，以

"京东方"为主题,共检索到 2000 年 1 月至 2019 年 10 月的 1006 篇期刊文献和 104 篇博士硕士学位论文。通过阅读摘要逐一对这些文献进行筛查,剔除了与本书研究主题不相关的文献,最终保留了 578 篇期刊文献和 13 篇博士硕士学位论文,通过对这些文献的梳理,了解本章研究框架中各构念的情况。

第二,在 CNKI 数据库中检索重要报纸。以"京东方"为主题,共检索到 2000 年 1 月至 2019 年 10 月的 2524 篇报道。通过标题判断报道与本章研究主题的相关性,剔除与本书研究主题不相关的报道,最终保留了 785 篇报道,借此了解研究框架中各构念的状况。

第三,在相关网站检索行业与企业信息。在京东方官网、中国电子视像行业网、中国电子材料网等专业网站搜索新型平板显示行业和京东方的相关信息。

第四,阅读专著。北京大学路风的专著——《光变:一个企业及其工业史》通过对京东方大量档案史料的整理以及人员访谈,描述并分析了京东方在一个全球高技术工业中的技术崛起过程。通过该著作可以知晓大量的企业史和工业史,对显示行业的诸多历史事件有了全面而深入的理解,这有助于站在中国显示行业发展史的宏观背景下去把握京东方的联盟组合网络特征、组织学习以及创新能力的动态发展过程及相互关系。

6.3.3.2 档案记录

第一,在国家知识产权局网站挖掘专利数据。首先,进入国家知识产权局网站"专利检索"页面,选择"高级检索"功能,在"申请(专利权)人"条件框内输入"京东方",根据本纵向案例研究划分的三个阶段分别在"申请日"条件框内输入"19930101 20001231""20010101 20101231"(第二阶段根据京东方二次创新的具体情况按"20010101 20071231"和"20080101 20101231"两个子阶段依次输入检索)"20110101 20191031",以此检索出京东方在三个阶段的专利情况。其次,笔者所在的研究团队分成三个组,每组负责一个阶段的专利检索结果记录与分析,具体步骤为:建立 Excel 表,先记录该阶段专利申请号,然后查看该项专利的法律状态,并记录该专利的专利族数(Number of Patents Families)、专利引证数(Patent Citations)和专利被引证数(Number of Patents Cited)。最后,鉴于专利申请量只能反映企业的技术活跃程度,得到授权的专利才能反映企业的创新能力。因此，进一步分别计算各个阶段的专利授权数（Number of Granted Patent Approval）、授权专利平均专利族数、平均专利引证数和平均专利被引证数，根据计算结果判断京东方的专利质量和创新能力。例如，2008年1月1日至2010年12月31日专利数据记录情况如表6-3所示。

表6-3 京东方专利数据检索结果

检索日期：20080101-20101231

编号	专利申请号	法律状态	专利同族数	专利引证数	专利被引证数
1	CN200810056494. X	授权	2	4	2
2	CN200810056494. X	授权	2	4	2
3	CN200810056495. 4	授权	2	5	3
4	CN200810056493. 5	发明专利申请公布后的视为撤回	1	10	2
5	CN200810056495. 4	授权	2	5	3
……					

资料来源：根据京东方专利检索记录整理。

第二，查阅上市公司信息披露报告。京东方1997年在深圳证券交易所上市，可以通过网站下载公司年报、中期报告、业绩报告、招股章程等资料来了解企业发展状况。

6.3.3.3 人员访谈

为了确认公开资料中的关键信息，并了解在公开资料中难以确定的问题以及本书关心的其他问题，从2017年开始，笔者和团队成员多次赴成都京东方光电科技有限公司和电子科技大学—京东方联合创新研究院进行调研，并对京东方中高层管理者、高级技术人员和技术工人以及联合创新研究院的研发人员进行了多次访谈。访谈情况如表6-4所示，访谈提纲详见附录一。

表6-4 2017~2019年人员访谈数据来源

被访谈人	被访谈人具体情况	访谈时间	访谈次数
A	京东方退休技术工人，1995年加入京东方，对北京电子管厂改制后的中外合资经营历史，该时期企业技术和产品状况有充分的了解	2018年、2019年	2

续表

被访谈人	被访谈人具体情况	访谈时间	访谈次数
B	成都京东方光电科技有限公司副总经理，2003 年加入京东方，对企业进入新型平板显示行业后的发展历程、企业战略及整个行业发展有充分的了解	2017 年、 2019 年	2
C	京东方高级工程师，2004 年加入京东方，负责京东方前沿基础技术研发，非常了解行业以及京东方的技术发展状况	2018 年、 2019 年	2
D	京东方高级工程师，2008 年加入京东方，负责京东方 AMOLED 屏的研发，对柔性显示技术非常了解	2018 年、 2019 年	3
E	京东方工程师，2015 年加入京东方，负责京东方 AMOLED 显示屏生产线的运营和维护，非常了解显示屏生产线自动化技术	2017 年、 2018 年、 2019 年	3
F	成都京东方光电科技有限公司人力资源部经理，2014 年加入京东方，对京东方的企业文化、组织结构、人力资源管理非常了解	2018 年、 2019 年	2
G	成都华为技术有限公司工程师，2017 年开始与京东方技术人员共同研发柔性手机屏，非常了解京东方对客户技术需求的响应效率和能力	2019 年	1
H	成都京东方医院院办工作人员，对京东方数字医院战略、理念和管理模式非常了解	2019 年	1

资料来源：根据调研记录整理。

6.3.3.4 实物证据

京东方的技术领域属于新型平板显示，学科的差异使笔者对其创新能力的理解存在一定困难，而产品是企业创新能力最直观的体现。对此，笔者前往成都京东方光电科技有限公司（BOECD）的产品展示中心参观了京东方当前和历史上的产品实物，并和展示中心的讲解人员进行了交流，以便通过直观的产品观察加深对京东方创新能力的理解。

6.3.4 构念测度

鉴于纵向单案例研究和大样本问卷调查的差别，本章采用不完全同于第 4

章的方法来测量分析框架中的 6 个构念。

6.3.4.1 联盟组合网络特征

关于伙伴多样性，Phelps 等（2010）研究发现，联盟组合技术多样性促进了焦点企业的学习与创新。因此，本章用联盟组合伙伴拥有的技术种类测度伙伴多样性。关于联结强度，将参股、合资、收购、合作研发、联合制造、标准制定合作、联合人才培养和长期深入的金融合作等视为强联结；将特许经营、联合营销、共享分销渠道、技术及专利许可、材料及零部件供应和产品供应视为弱联结（Rowley et al.，2000）。如果网络中"弱联结占比<1/3"为强网络，"弱联结占比>2/3"为弱网络，"弱联结占比≥1/3 且≤2/3"为二重网络（Capaldo，2007）。关于网络规模，本章通过统计与焦点企业有直接联盟关系（Hoffmann，2007）的伙伴数量来测度联盟组合网络规模（马丽和邵云飞，2019；彭新敏，2009）。

6.3.4.2 组织学习

首先，综合探索性和利用性学习的概念界定（March，1991）和知识距离域角度（Lavie and Rosenkopf，2006）度量组织学习类型的观点提出组织学习测度方法。具体而言，探索性学习获得的是陌生的、外来的知识，并且这些知识能够给企业带来新变化、新发现，相应地需要企业承担未知风险；利用性学习获得的是本领域已知的知识，并且企业能够对这些知识进行凝练和应用延伸。其次，计算焦点企业在二次创新各个时期探索性学习与利用性学习的数量，从而确定该时期组织学习的平衡模式（彭新敏等，2011）。

6.3.4.3 企业创新能力

根据第 1 章的概念界定，本书所称的企业创新能力指的是技术创新能力。由于技术创新包括新技术的产生和商业化的实现两个阶段（Hall and Rosenberg，2017），所以可以将企业创新能力分为技术基础能力和技术创新能力两个维度（Figueiredo，2002），然后选取指标分别进行测度。

（1）专利质量。本书选取专利授权数、专利引证数、专利被引证数和专利族数来测度企业专利质量，这些指标的提高过程能在一定程度上全面反映后发企业技术基础能力的积累与追赶过程。具体如下：①专利授权数，是指焦点企业在国内外获得授权的专利数量。专利申请数越多说明企业技术创新活动越频繁，申请的专利能够得到知识产权部门或组织的授权，意味着技术创新活动具有知识产出价值。②专利引证数，是指专利与专利、专利与非专利文献之间相互引用的关系。一项专利被引证的次数越多，说明该专利必然包含开创性的技术贡献，作为推动技术进步的地位就越基础；相反，如果一项专利较多地引用了其他专利，那么该专利价值就越低。③专利族数，是指同一项发明在不同国家或者国际专利组织申请的数量。技术重要性和经济重要性越高的技术，企业越愿意付出较高的成本向多个国家或国际专利组织申请专利。因此，专利族数的规模越大，表示该专利的价值越高（Liu and Yang，2008；包英群等，2015）。

（2）新产品种类数和产品新颖性。本书采用新产品种类数和产品新颖性测度后发企业技术创新能力。新产品种类数，是指焦点企业在一定时期内开发出的并为市场所接受的典型新产品数量，它可以反映后发企业技术创新能力的积累（路风，2016）。产品新颖性是指典型新产品区别以往产品的程度，根据参照标准的不同，可以分为"企业内新颖""国内新颖"和"国际新颖"三个等级，其可以反映后发企业技术创新能力的追赶过程。

本章将案例企业每一阶段的综合专利质量、新产品种类和产品新颖性与行业同类企业比较，以此判断案例企业的创新能力水平，并分为"国内一般""国内领先"和"国际领先"（彭新敏等，2011）。

6.3.4.4　环境动态性

如前文所述，环境动态性是指企业所面临环境的不稳定程度和不确定性，可以从市场需求动态性和技术发展动态性两个维度进行分析。市场需求动态性指顾客构成和顾客偏好的变化速度和不确定性，本书以显示屏市场顾客构成和顾客偏好的变化速度及变化的不确定性来测度京东方面临的市场需求动态性。技术发展动态性指行业技术发展的变化速度和变化的不确定性，本书以显示屏行业主导技术的变化速度和不确定性来测度京东方面临的技术发展动态性。市场需求动态性和技术发展动态性都可分为高、中、低三个水平。

6.3.4.5 技术战略导向

与上文对技术战略的概念界定保持一致，技术战略是企业围绕其商业目标的实现而设定的一系列技术目标和技术手段（郑梅莲和宝贡敏，2007）。根据企业对技术的重视程度，技术战略导向可分为高技术战略导向、中技术战略导向和低技术战略导向，并通过技术战略目标、研发投入、研发人员素质和持续不断的新产品开发来测度技术战略导向类型。

6.3.5　信度与效度保证

本书按照 Yin（2017）的建议，检验和控制了构建效度、内在效度、外在效度和信度，以便提高整个案例研究的科学性。

（1）构建效度。首先，运用多重证据来源，采用文献资料、档案记录、人员访谈和实物证据四种不同的数据收集方法，确保通过多样化的资料来源对京东方的研究数据进行相互补充和交叉验证。其次，使上述证据资料具有连贯性并符合一定的逻辑，即遵循原始数据—构念提取—初步构建理论命题—再次收集数据验证和分析—正式提出命题，从而形成完整的证据链。

（2）内在效度。通过分析以上四种不同途径收集到的数据，提出各种可能的命题，并通过与研究团队参与研究者共同探讨、修正提出的命题。

（3）外在效度。采用文献回顾的方式用现有理论指导本案例研究，实现本书和现有理论的对话，同时采用分析性归纳的方法，从研究数据中总结出更抽象、更具概括性的理论。

（4）信度。建立案例研究数据库和资料库，以便能够进行再检查和再分析。此外，参与研究者进行背对背分析，通过不断对比达成一致意见。

6.4　案例分析

纵向案例研究的第一步是合理划分分析阶段。本书在仔细梳理中国显示行业与京东方发展历史的基础上，通过对主导显示技术、导体材料、显示性能和技术水平四个维度的考量，将京东方的二次创新动态过程分为三个阶段（见表 6-5）：①第一阶段（1993～2000 年），通过合资企业的方式引进发展 CRT 及其配套技术；②第二阶段（2001～2010 年），通过"海外并购，国内自主建线"的方式引进发展 TFT-LCD 技术；③第三阶段（2011～2019 年），通过建立技术联盟研发 AM-OLED 等国际领先显示技术和产品。

表 6-5　京东方二次创新动态过程的阶段划分

划分依据	第一阶段 （1993～2000 年）	第二阶段 （2001～2010 年）	第三阶段 （2011～2019 年）
显示技术	CRT	TFT-LCD	TFT-LCD AM-OLED、FLX
导体材料	电子真空管	a-Si 半导体	Oxide、LTP 半导体
显示性能	无限色、响应快、功耗大、闪烁、辐射较大	图像稳定、分辨率高、色彩还原度高、功耗小、辐射小	超清晰、色彩对比度更高、超薄、可柔性、几乎无辐射
技术水平	国内一般水平	国内领先水平	国际领先水平

资料来源：马丽，邵云飞. 二次创新中组织学习平衡与联盟组合网络匹配对技术能力的影响——京东方 1993-2018 年纵向案例研究［J］. 管理学报，2019，16（6）：6-16.

6.4.1　京东方二次创新第一阶段（1993～2000 年）

20 世纪 80 年代，CRT 技术逐渐成为主流显示技术，但由于国家 CRT 发展布局等原因，当时的北京电子管厂没有进入这个新兴技术领域。20 世纪 90 年代初，股份制改革后的北京电子管厂（更名为北京东方电子集团股份有限公司，京东方前身，以下统称京东方，简称 BOE。）通过与日本企业合资的形式引进 CRT 及相关技术才进入该显示领域，当时的生产是完全按照引进技术的标准进行的。尽管此时的京东方在技术上完全依赖技术输出方，但这毕竟意味着新技术的开始应用，具有创新的意义，属于"准"创新—模仿创新（吴晓波，1995）。不过，由于技术输出方并不向京东方传授核心技术原理，不允许京东方擅自改进生产工艺和设立研发机构，客户的产品反馈和技术交流也掌握在自己手中，致使京东方主要从事"从无到有"的探索性学习，无法有效地开展利用性学习以进行工艺创新和核心技术研发。由此，从整体上而言，该时期京东方主要经历了二次创新的第一个阶段——第Ⅰ类技术引进的第 i 阶段，即基于成套引进成熟 CRT 及配套技术的模仿创新阶段。这一阶段各变量测度、变化及影响情况如表 6-6 和表 6-9 所示。

表 6-6 京东方二次创新第一阶段联盟组合网络特征、组织学习和创新能力测度结果

网络节点	合作形式	联结强度	组织学习	新产品/成果	产品新颖性
成套引进成熟 CRT 及配套技术的二次创新（ i ）					
成熟技术提供商					
Asahi Glass、Marubeni Kyoei Shoji	合资	强	探索性	支架玻璃低熔点焊料	企业内新颖
NipponTanshi				端子	
Nissin Kogyo				电子枪	
Chatani				背光源	
TPV				CRT	
科研机构					
清华大学	人才培养	强	探索性	技术人才	—
金融机构					
深圳证券交易所	合作	强	探索性	上市	—
用户					
北京松下彩管	产品供应	弱	—	—	—
Philips					
Sony、Hitachi					
永新、赛格日立、华飞					

资料来源：马丽，邵云飞. 二次创新中组织学习平衡与联盟组合网络匹配对技术能力的影响——京东方 1993~2018 年纵向案例研究 [J]. 管理学报，2019，16（6）：6-16.

6.4.1.1 环境动态性

（1）市场需求动态性。这一阶段京东方面临的市场需求动态性低。20世纪 90 年代，随着中国彩电工业规模不断扩大，CRT 彩色显像管工业也开始快速发展。由于当时的彩电和 CRT 工业发展主要是通过与日本企业合资的方式从日本引进生产线，CRT 的关键零部件仍须从日本进口，国产化的空间很大，因此在日本为彩电工业配套的供应商纷纷来中国投资建厂。这一时期，部分中国企业与日本企业建立合资企业生产 CRT 彩色显像管的配套零部件，企业客户稳定，客户对产品的偏好也相对稳定，需求旺盛，需求不确定性小。

（2）技术发展动态性。这一阶段京东方面临的技术发展动态性低。在显示技术领域，该阶段的主导技术是电真空显示技术，以该技术为基础的 CRT 彩色显像管显示具有无限色、响应快，但功耗大、闪烁、辐射较大等特点。薄膜晶体管（TFT）在 20 世纪 60 年代前后由 RCA 的萨洛夫研究中心发明之后，日本企业就液晶显示技术进行了积极的跟踪研究并不断改进。20 世纪 80 年代末，夏普、东芝等日本企业研发出 14 英寸以上液晶平板电视，使日本企业具备了大批量生产液晶平板电视的技术能力。但在液晶平板显示技术能力产业化的过程中还有很多技术难题，日本企业不断完善了液晶显示技术以及相关互补技术，以 TFT-LCD 为代表的半导体显示器件替代 CRT 真空电子显示器件的技术革命正在日本缓慢进行，液晶显示技术成为下一代主导显示技术的趋势已然确定。

6.4.1.2 技术战略导向

这一阶段的京东方技术战略导向低。在 CRT 及其配套产业发展的基础上，中国企业主要采取与外国企业合资的方式。合资这种模式能够生产产品，但很难接触到核心技术，不能建立自己的研发体系，技术研发由外方掌控，中方只组织生产，因此合资企业普遍经历了"技术降级"和"去技术化"阶段。京东方在合资过程中，同样没能躲过这一趋势。不过，从 1995 年开始，京东方开始关注下一代显示技术，跟踪 PDP、TFT-LCD 和 FED 技术发展。直到 20 世纪 90 年代末期，TFT-LCD 在全球平板显示技术中的优势逐渐明朗，京东方最终于 2000 年把 TFT-LCD 确定为自己的技术进入领域。总体来看，该阶段的京东方技术战略目标主要定位为能按技术母国的标准生产出产品，核心技术研发投入较少，自己的研发队伍没有很好地成长起来，几乎没有自己的新产品开发，技术战略导向低。

6.4.1.3 联盟组合网络特征

1993 年 4 月，当时的北京电子管厂股份制改革完成后，更名为北京东方电子集团股份有限公司（以下统称为京东方）。此时，以引进技术来实现国产化的中国 CRT 工业迅速发展，在这样的产业背景下，京东方的重点转向与日本和中国台湾地区企业建立合资企业，生产 CRT 显像管的配套零部件。京东方先后与日本旭硝子（Asahi Glass）等合资生产支架玻璃和低熔点焊料；与日本端子（Nippon Tanshi）合资生产端子及其连接器、与日本日伸（Nissin Kogyo）合资生产电子枪及其零部件、与日本茶谷（Chatani）合资生产显示用背光源、与台湾冠捷科技合资生产 CRT 显示器。与上述企业是通过合资建立联盟关系，联结强度上属于强联结。这一时期，清华大学组建的液晶工程中心接受了京东方的工程师和技术人员前来学习新型显示技术，这种人才培养关系在联结强度上属于强联结。1997 年和 2000 年，京东方在深圳证券交易所先后实现 B 股和 A 股上市，通过上市与资本市场建立了密切关系，解决了企业发展过程中的筹融资问题，联结强度上属于强联结。这一时期的京东方建立的合资企业主要生产 CRT 及其配套产品，产品主要供应北京松下、飞利浦（Philips）、索尼（Sony）、日立（Hitachi）、永新、赛格日立和华飞，由于销售对象和定价权都控制在日方手里，中方只是日方在华的加工厂，很少有和客户接触的机会，因此联结强度上属于弱联结。联盟组合中弱联结数为 7 个，强联结数为 9 个，弱联结占比为 43.8%，故联盟组合网络为二重网络。联盟组合中伙伴数有 16 个，因此网络规模是 16，联盟伙伴拥有的技术种类有 7 种。

6.4.1.4 组织学习

这一阶段的京东方通过与日本和中国台湾企业合资的形式引进 CRT 相关技术，向技术母国学习新的显示技术，属于探索性学习。但在合资期间，中方能够按照引进方的标准生产出产品，完成了"从无到有"的探索性学习，却因外方的技术控制始终没能进行现有技术之外的自主技术研发和产品扩展，几乎没有开展有效的利用性学习。例如，在京东方与日本端子株式会社的合资企业北京日端，生产端子的核心是模具，日方对于中方派到日本学习的人员只允许参观但不被传授模具技术。在北京松下（1998 年，由于国家政策和法律调整，京东方开始向北京松下行使管理权），中方只负责生产组织，技术问题由松下派技术专家解决，日方对知识产权实行严格控制，中方不能在现有产品之外有自主技术研发和扩展，致使中方在有了 22 年的合资生产经历后，仍不具备设计彩色显像管的创新能力（路风，2016）。在深圳证券交易所上市后，通过证券交易市场学习资本运作知识，京东方在此方面开展了探索性学习。在与客户的关系方面，京东方与客户没有直接接触和学习的机会，来自客户的技术交流和产品知识都被技术母国掌控，致使京东方与客户无法开展明显的学习活动。可见，这一阶段京东方的组织学习中探索性学习有 9 个，利用性学习为 0，没有实现探索性学习与利用性学习的组织学习平衡。

6.4.1.5 企业创新能力

这一阶段的京东方仅有 4 项实用新型专利得到授权，平均专利引用数和平均专利被引用数均为 0，平均专利族数为 1，专利质量很低。新产品种类数虽然为 5 个，但这些产品只是在京东方企业内部属于新产品，总体创新能力属于"国内一般"水平。

6.4.2 京东方二次创新第二阶段（2001~2010 年）

20 世纪 90 年代末，TFT-LCD 替代 CRT 的趋势已非常明显，京东方于 2001 年正式在韩国布局 TFT-LCD 的收购，2003 年 1 月并购 HYDIS（韩国现代显示技术株式会社）的 TFT-LCD 第 2 代、第 3 代和第 3.5 代生产线，从而正式进入 TFT-LCD 领域。随后，2003 年 9 月，在北京自建第 5 代 TFT-LCD 生产线。中方技术人员以第 5 代线的建设和产品开发为学习平台，通过模仿和改进韩方已有生产线技术开展模仿创新和创造性模仿。随后，京东方先后于 2008 年和 2009 年投建第 4.5 代线、第 6 代线和第 8.5 代线。与第 5 代线最大的不同是，这 3 条线的设计与运营完全以中方为主导，对韩方的技术依赖性大大降低。与此同时，京东方还以国内、国际市场需求为导向，不断研发新工艺和新产品以进行改进型创新。由此，从整体上而言，该时期京东方先后经历了二次创新的 3 个阶段——第 I 类技术引进的 i、ii 和 iii 阶段，即基于成套引进成熟 TFT-LCD 技术的模仿创新、创造性模仿和改进型创新阶段。这一阶段各变量测度、变化及影响情况如表 6-7 和表 6-9 所示。

表6-7 京东方二次创新第二阶段联盟组合网络特征、组织学习和创新能力测度结果

网络节点	合作形式	联结强度	组织学习	新产品/成果	产品新颖性
成套引进成熟 TFT-LCD 技术的二次创新（ⅰ，ⅱ→ⅲ）					
成熟技术提供商					
HYNIX	全资收购→自主建线 合作建线　自主运营 合作运营	强→强	探索性→利用性	5代→4.5代线 6代线 8.5代线	国内新颖
科研机构					
电子科技大学	技术咨询→合作研发	弱→强	探索性→利用性	解决技术难题	—
用户					
Dell、联想、中兴、海尔、海信	产品供应→合作研发	弱→强	——→利用性	电脑显示屏	国内新颖
Philips、Samsung、LG、波导				手机显示屏	
Konka、Samsun、长虹、创维、海信、海尔	→合作研发	→强	→利用性	电视显示屏	
供应商					
Corning	零部件供应→合作研发	弱→强	探索性→利用性	玻璃基板	—
LG				偏光片	
BOE-CT				背光源	
Sumitomo				彩膜	
Tokyo Chemical	材料供应→合作研发			化学品	
Applied Materials	设备供应→合作研发			生产设备	
乐凯	→合作研发	→强	→利用性	薄膜、偏光片	
东旭光电				玻璃基板	
七星华创				生产设备	
分销商					
Marubeni	参股	强	利用性	营销服务	—
行业协会					
中国光学光电子行业协会液晶分会	先为常务理事后为常务副理事长	弱	探索性	获取行业最新信息	—
中国电子视像行业协会	副会长				

续表

网络节点	合作形式	联结强度	组织学习	新产品/成果	产品新颖性
金融机构					
深圳证券交易所	金融合作	强	探索性	上市	—

注："A→B"表示前期特征是 A，后期特征是 B；"→B"表示后期才建立联结关系，特征为 B，下同。

资料来源：马丽，邵云飞. 二次创新中组织学习平衡与联盟组合网络匹配对技术能力的影响——京东方 1993~2018 年纵向案例研究 [J] . 管理学报，2019，16（6）：6-16.

6.4.2.1 环境动态性

（1）市场需求动态性。进入液晶显示产业，京东方面临的市场需求动态性变高。首先，液晶显示产业存在明显的液晶周期（the Crystal Cycle），这加剧了市场需求以及企业盈利水平的不稳定性。例如，2002~2008 年，按 TFT-LCD 行业税前利润率计算，全球液晶产业经历了 2002 年第二季度至第四季度、2004 年第二季度至 2005 年第一季度、2005 年第四季度至 2006 年第二季度、2006 年第四季度至 2007 年第一季度和 2007 年第四季度至 2008 年第一季度总共 5 次衰退期，在此期间，顾客需求增加，但产品价格下降，液晶面板企业亏损严重（Mathews，2005）。另外，这一时期的液晶显示器主要应用在电脑、手机和电视上，不同的应用场景和客户对液晶显示产品有不同的偏好，而且这些偏好会因为终端产品的快速更新换代而发生变化，这同样增加了液晶显示企业所面临的市场需求的不确定性。

（2）技术发展动态性。这一阶段京东方面临的技术发展动态性增高。在显示技术领域，这一时期的主导技术是 TFT-LCD，具有图像稳定、分辨率高、色彩还原度高、功耗小和辐射小等特点。此时的 TFT 主要是用非晶硅（a-Si）半导体材料制成，但氧化物半导体（Oxide）和低温多晶硅（LTPS）新型半导体技术于 2000 年前后在日本开始用于 TFT 开发，2004~2005 年已有氧化物 TFT 的样机出现。新型半导体 TFT-LCD、AM-OLED（由 TFT 控制的 OLED）的像素和分辨率更高，功耗更小，是未来液晶显示技术的发展方向。夏普、三星和 LG 等主流显示企业都已在该方向投入研发力量，推动着主导技术由 a-Si TFT 向 Oxide TFT、LTPS TFT 和 AM-OLED 快速转轨。新型半导体材料替代传统半导体材料给整个行业的主导技术进展带来了一定的不确定性，但这一主导技术基本还是沿着原有技术轨道发展，因此技术发展的不确定性相较上一阶段有所增高。

6.4.2.2　技术战略导向

这一阶段京东方的技术战略导向显著增高，其确立了进入液晶显示行业并全面追赶技术领先企业的技术战略目标。为了实现这一技术战略目标，一方面，京东方采用"国外收购，国内建线"的方式进入液晶显示工业，从一开始就启动了一个高强度的技术学习过程，在建设和运营第 5 代线这个学习平台上，京东方掌握了全套生产设施，形成了自己的专业技术团队，建立了经验基础，同时获得了全产业链系统的外部支持，打下了发展自主技术能力的基础。从 2008 年开始，京东方先后自主建成了第 4.5 代线、第 6 代线和第 8.5 代线，标志着京东方最终生成了自主技术能力。另一方面，2008 年开始自主建线后，京东方建立了技术创新体系。2009 年，京东方获批设立 TFT-LCD 工艺技术国家工程实验室，紧接着成立了技术研发中心，组建了 CTO 组织，建立了技术创新基金，投资 2.6 亿元建设了研发大楼和一条专门用于技术研发的第 2.5 代实验线，这些举措标志着京东方跻身于前瞻性显示技术研发领域。在以上过程中，京东方持续加大研发投入，研发人员素质也得到了极大的提升。例如，2001 年，京东方研发人员中拥有硕士及以上学历的比例为 16.6%，到了 2010 年这一比例上升至 53.1%，较 2001 年增长了 2.2 倍。新产品开发也持续增多。总体来看，该阶段的京东方技术战略导向比上一阶段有极明显的增高。

6.4.2.3　联盟组合网络特征

在成套引进第Ⅰ类成熟 TFT-LCD 技术的二次创新的 i 、ii 阶段，京东方依靠 HYDIS 的技术力量在北京自建和运营第 5 代 TFT-LCD 生产线，这种"全资收购、合作建线和合作运营"的关系在联结强度上属于强联结。建线过程中，京东方向电子科技大学咨询相关技术问题，双方在联结强度上属于弱联结。京东方生产的电脑显示屏和手机显示屏主要供应客户是联想和波导等电脑和手机企业，此时，客户和京东方的联合研发并不多，联结强度上总体属于弱联结。建第 5 代线对韩方和中方而言都是新工艺，由于不掌握产业链上游的技术，第 5 代线和产品所需的零部件、材料和生产设备几乎全部依靠康宁（Corning）、东京化学（Tokyo Chemical）、LG、茶谷（BOE-CT）、住友（Sumitomo）和应用材料（Applied Materials）提供，京东方没有能力和这些企业开展深入的技术研发合作，双方的联结强度为弱联结。2005 年 3 月，为了促进供应链的稳定性和本地化的配套能力提升，以及进一步打开产品国际市场，京东方与日本丸红株式会社（Marubeni）建立了战略合作关系，作为战略投资者，丸红株式会社同时成为持有京东方母公司——京东方投资发展有限公司 10% 股权的股东，双方建立了强联结关系。京东方先后加入中国光学光电子行业协会液晶分会和中国电子视像行业协会，通过行业协会获取行业最新信息，在联结强度上属于弱联结。联盟组合中弱联结数为 17 个，强联结数为 3 个，弱联结占比为 85.0%，故联盟组合网络为弱网络。联盟组合中主要联盟伙伴数有 20 个，因此网络规模是 20，联盟伙伴拥有的技术种类有 13 种。

在成套引进第 I 类成熟 TFT-LCD 技术的二次创新的第 iii 阶段，京东方与电子科技大学的合作形式由技术咨询转变为合作研发，联结强度由弱变强，与用户从产品供应到建立紧密的合作研发关系，联结强度由弱变强。这一时期联盟组合中弱联结数为 2 个，强联结数为 24 个，弱联结占比为 7.7%，故联盟组合网络为强网络。联盟组合中主要网络成员数有 26 个，因此网络规模是 26，网络伙伴的技术种类有 14 种。

6.4.2.4 组织学习

在成套引进第 I 类成熟 TFT-LCD 技术的二次创新的 i、ii 阶段，京东方以建设第 5 代线为学习平台，向韩方学习 TFT-LCD 建线和产品开发技术，开展探索性学习；向电子科技大学进行技术咨询，开展探索性学习。京东方也会根据客户要求进行产品生产与改进，但相互间的联合研发较少，没有过多地开展有效的组织间学习。TFT-LCD 第 5 代线建设需要的技术对韩方和中方而言都是全新的，因此，京东方在这个阶段与供应商的学习关系是以探索性学习为主。丸红株式会社通过战略合作关系向京东方提供营销和服务，京东方可以从丸红株式会社了解商务与技术信息，开展利用性学习。京东方通过行业协会了解行业最新信息，开展探索性学习。该阶段京东方的组织学习中探索性学习有 11 个，利用性学习有 1 个，组织学习以探索性学习为主。

在成套引进第 Ⅰ 类成熟 TFT-LCD 技术的二次创新的第 iii 阶段，京东方建设了第 4.5 代线、第 6 代线和第 8.5 代线，其设计与运营完全以中方为主导，对韩方的技术依赖性大大降低，生产线的整体方案由京东方自主提出和具体执行，韩方仅仅处在技术咨询的地位，京东方与韩方的学习关系也演变成以利用性学习为主。与电子科技大学联合研发新技术和开发新产品，开展利用性学习。这一时期，京东方的销售组织前移设置到了客户的生产工厂，以便更加快捷地了解客户需求，技术人员与客户共同参与新产品开发，开展利用性学习。京东方在建设第 4.5 代线、第 6 代线和第 8.5 代线时已积累了一定的技术能力，有能力向供应商提出自己的技术标准并和供应商一同研发，主要与供应商开展利用性学习。这一阶段京东方的组织学习中探索性学习有 3 个，利用性学习有 23 个，组织学习以利用性学习为主。

综上分析，京东方在成套引进第 Ⅰ 类成熟 TFT-LCD 技术的二次创新中，由第 i 、ii 阶段的探索性学习为主转变为第 iii 阶段的利用性学习为主，实现组织学习的间断平衡。

6.4.2.5 企业创新能力

京东方二次创新的第二个创段，即第 Ⅰ 类成熟 TFT-LCD 技术引进的第 i 和第 ii 阶段，有效专利授权数为 782 项且以发明专利为主，但平均专利引证数为 0.6，平均专利被引证数为 0.3，平均专利族数为 1.0，专利质量仍然较低。新产品种类数按 TFT-LCD 生产线代数计算为 1 个，但这条生产线是国内最先引进的 TFT-LCD 生产线。在成熟 TFT-LCD 技术引进的第 iii 阶段，有效专利授权数为 1606 项，平均专利引证数为 0.8，平均专利被引证数为 2.3，平均专利族数为 2.5，专利质量得到提升。新产品种类数按生产线代数计算增加为 3 个，并且这 3 条生产线在国内处于技术领先水平，总体创新能力国内领先。

6.4.3 京东方二次创新第三阶段（2011~2019 年）

2010 年起，京东方开始布局新的发展战略，从"以制造为主"向"研发和制造并重"转变，并成立了 CTO 组织。CTO 在这一时期的重点研发目标是如何用新型半导体材料氧化物半导体（Oxide）和低温多晶硅（LTPS）代替传统半导体材料非晶硅（a-Si）制作薄膜晶体管（TFT），然后，以这种 TFT 控制液晶显示屏（LCD）和有机发光二极管显示屏（OLED）的发光。由于均为前沿显示技术，技术领先企业对这些技术实施了严格管控，CTO 只能从有限的资料开始模仿创新，自主建立新型显示技术系统。2011 年，随着研发团队陆续在用新型半导体 TFT 点亮 LCD 和 OLED 屏等方面取得重大突破，京东方开始了在鄂尔多斯等地的新一轮建线。与上一阶段相比，这一轮建线主要依靠京东方对新兴显示技术的引进和研发，显然，这类创新具有"后二次创新"或"准一次创新"的特征（吴晓波，1995）。与此同时，京东方积极加强与其他领域品牌企业的技术合作，开发智慧端口和数字健康产品，拓展新型显示技术的跨界应用延伸，进行改进型创新。由此，从整体上而言，该时期京东方经历了二次创新的两个阶段——第 Ⅱ 类技术引进的 iv/ i 和 iii 阶段，即非成套引进新兴的基于新型半导体显示技术的 TFT-LCD、OLED 的后二次创新阶段（或第 Ⅱ 类技术引进的 i 模仿创新阶段），以及以高性能显示技术为基础的智慧端口和数字健康产品研发的改进型创新阶段。这一时期的各变量测度、变化及影响情况如表 6-8 和表 6-9 所示。

表 6-8　京东方二次创新第三阶段联盟组合网络特征、组织学习和创新能力测度结果

网络节点	合作形式	联结强度	组织学习	新产品/成果	产品新颖性
非成套引进基于新型半导体显示技术的 TFT-LCD，OLED 后二次创新（iv / i）					
科研机构					
电子科技大学、北京大学、北京航空航天大学	合作研发	强	探索性	8.5 代线、5.5 代线 10.5 代线、6 代线	国际新颖
用户					
Dell、HP、Acer、TPV 联想、仁宝、华硕、广达				电脑屏	
LG、Sony、TPV 长虹、海信、康佳				电视屏	—
DaimlerChrysler、FIAT、Ford、Volkswagen、HONDA、RENAULT、BMW、PEUGEOT、GE				车载显示系统	
VESTEL、Best Buy、中兴				商用显示器	

续表

网络节点	合作形式	联结强度	组织学习	新产品/成果	产品新颖性
供应商					
Corning、东旭光电	合作研发	强	探索性	玻璃基板	—
Tokyo Chemical				化学材料	
LG				偏光片	
BOE-CT				显示用背光源	
Sumitomo				彩膜	
Applied Materials 七星华创				生产设备	
行业协会/产业联盟					
中国光学光电子行业协会液晶分会	常务副理事长	弱	探索性	获取行业最新信息	—
中国电子视像行业协会	副会长				
麻省理工学院产业联盟	会员			获取新兴技术信息	
金融机构					
深圳证券交易所	金融合作	强	探索性	上市	—
基于高性能显示技术的智慧端口和数字健康产品研发的改进型创新阶段（ⅲ）					
合作伙伴					
Meta、枭龙科技	参股	强	利用性	AR/VR 技术产品	国际新颖
精电国际				车载显示系统	
以色列 Cnoga				生命数据检测系统	
明德医院	全资收购			图像自动识别技术	
Dignity Health	合作建院			数字医院	

资料来源：马丽，邵云飞. 二次创新中组织学习平衡与联盟组合网络匹配对技术能力的影响——京东方1993~2018年纵向案例研究［J］. 管理学报，2019，16（6）：6-16.

6.4.3.1 环境动态性

（1）市场需求动态性。这一阶段京东方面临的市场需求动态性很高。首先，智能移动终端市场在2010年之后的迅速兴起，突然改变了半导体显示领域的竞争方向，即在尺寸越做越大的焦点之外又出现了一个新的竞争焦点——尺寸较小但显示性能更高的产品。与此同时，以中兴、华为、小米等为代表的中国智能手机企业的崛起，改变了中小尺寸屏的客户构成，产生了新的客户需求。其次，继笔记本电脑、显示器、电视、智能手机和平板电脑的第四次应用浪潮后，显示工业正迎来第五次应用浪潮，这极大地增大了市场需求的不确定性。

（2）技术发展动态性。这一阶段京东方面临的技术发展动态性非常高。首先，AM-OLED、Oxide 和 LTPS TFT 均属于前瞻性技术，不存在"引进"的可能性。京东方是在没有任何基础数据和现成工艺的情况下，从查阅论文及其他有限的公开资料开始，依靠自身力量把科研系统建立了起来。就在京东方大规模地开展上述前沿技术研发，并进行以前沿技术为基础的大规模产能扩张时，三星和 LGD 在 2011 年加速了 OLED 技术的产业化进程，这些国际明星企业的做法在全球业内引起了平板显示产业演进方向的迷茫，也促使每一家显示企业要对产业技术演进方向做出理性判断，并在 TFT-LCD 和 OLED 两种技术中做出自己的选择。其次，市场需求的变化加速了技术的革新，显示形式变得多种多样，以量子为代表的新技术层出不穷，替代 TFT-LCD 和 AM-OLED 的颠覆性技术随时可能出现。最后，显示元器件在产业链附加值中所占比例逐渐下降的趋势越来越明显。总之，以上情形加剧了主导显示技术发展的不确定性。

6.4.3.2 技术战略导向

这一阶段京东方的技术战略导向很高，确立了挺进半导体显示技术前沿，追赶甚至赶超技术领先企业的技术战略目标。为了实现这一技术战略目标，首先，从 2010 年研发中心大楼和试验线建成时开始，京东方就展开了大规模的 AM-OLED、Oxide 和 LTPS TFT 等前瞻性技术研发，并提出了"半导体显示"概念。与此同时，开展了以新型半导体显示技术为导向的产能扩张，先后建成合肥 8.5 代线、鄂尔多斯 5.5 代 AM-OLED 线、重庆 8.5 代线、成都 6 代柔性 AM-OLED 线、合肥 10.5 代 AM-OLED 线、绵阳 6 代柔性 AM-OLED 线。全球首个在新建 8.5 代线上生产氧化物面板，以及实现氧化物 TFT 的批量生产，使京东方在显示领域与夏普、三星、LG 等国际领先企业处于并驾齐驱的位置。其次，京东方采取以半导体技术为核心的有限多元扩展战略，进入了终端产品和应用系统显示领域，使自己从一个核心元器件供应商扩展为系统级的供应商，积极应对显示元器件在产业链附加值中比例逐渐下降的趋势。在以上过程中，京东方的研发投入更大，其 2018 年的研发投入超过 72 亿元，较 2017 年增长了 3.8%；2018 年研发投入占营业收入的比例为 7.5%，较 2017 年增长 0.02%。研发人员的素质也得到了进一步提高，例如，2010 年，京东方研发人员中拥有硕士及以上学历的比例为 53.1%，到了 2018 年这一比例上升至 82.9%，是 2010 年的 1.6 倍，新产品持续开发能力不断增强。总体上，京东方在该阶段的技术战略导向比上阶段有明显提高。

6.4.3.3 联盟组合网络特征

京东方在第 Ⅱ 类技术引进的第 iv／i 阶段，与电子科技大学等高校建立了联合实验室，合作研发新型半导体显示技术，双方联结强度为强联结。京东方最早与苹果公司联合研发可折叠 OLED 屏，联结强度为强联结。2018 年，京东方开始与华为建立战略合作关系，京东方为华为供货可折叠 OLED 屏，并开展合作研发，双方的联结强度为强联结。面对新型显示技术，对于 MOTO 等手机屏用户、戴尔（Dell）等电脑屏用户、LG 等电视屏用户、戴姆勒-克莱斯勒（Daimler Chrysler）等车载显示屏用户以及伟视达（VESTEL）等商用显示屏用户而言，由于客户的需求各异，各个企业在采购显示屏的时候也会提出自己的要求，但更多的是要求京东方直接满足它们的技术要求，参与合作研发的不多（京东方高级工程师，访谈人员编码 E），双方在联结强度上总体来看属于弱联结。在后二次创新阶段，京东方的生产线都是依托新型半导体显示技术，生产线的建设和产品生产所需的设备和材料对于京东方和供应商来说都是全新的，双方通过设立联合研发实验室共同研发符合新型半导体显示技术生产线要求的产品，在联结强度上属于强联结。这一时期，京东方成为麻省理工学院产业联盟的会员，促进了新兴技术信息的有效获取，双方的联结强度属于弱联结。

在第 Ⅱ 类技术引进的第 iii 阶段，京东方与各领域品牌企业开展新型半导体显示和传感技术的跨界应用融合创新，合作研发智慧家居、智慧金融、智慧教育、智慧零售、智慧车联和智慧医工等产品，双方的联结强度属于强联结。

综上所述，京东方在第 Ⅱ 类技术引进的第 iv／i 阶段和第 iii 阶段，联盟组合中弱联结数为 36 个，弱联结占比为 55.4%，强联结数为 29 个，故联盟组合网络为二重网络。联盟组合中主要网络成员数有 65 个，因此网络规模是 65，网络伙伴的技术种类有 30 种。

6.4.3.4 组织学习

在第 Ⅱ 类技术引进的第 ⅳ/ⅰ 阶段，京东方已具备了较强的利用性学习能力，使其拥有了与电子科技大学等高校联合攻关新兴显示基础技术和开展探索性学习的条件。由于京东方掌握的是国际前沿的高性能显示技术，此时的绝大部分用户在采购京东方的显示屏时，会根据自己的需求对京东方的显示屏提出相应的要求，京东方则会根据客户的要求改善相应的产品性能，从而得到利用性学习的机会。其中，京东方在向苹果公司和华为公司供货时开展的利用性学习强度尤其高。例如，京东方某位高级工程师（访谈对象编号 F）在接受访谈时谈道："华为是一个对技术要求非常严格的企业，而且研发小组的工作节奏非常快，仅在 2019 年 5~7 月，我们共为华为改了 3000 多项需求，在这样的合作研发环境中，技术想不提高都难。"因此，京东方与苹果、华为等公司的合作主要是围绕后者对手机屏的相应技术要求而开展高强度的利用性学习的。参考前文在分析京东方与供应商的联结关系中所描述的情况，二者的学习关系是以探索性学习为主的。

在第 Ⅱ 类技术引进的第 ⅲ 阶段，京东方与各领域品牌企业的合作属于拓展新型显示技术的跨界应用延伸，进行改进型创新，学习关系以利用性学习为主。

综上所述，京东方在第 Ⅱ 类技术引进的第 ⅳ/ⅰ 阶段和第 ⅲ 阶段，探索性学习有 16 个，利用性学习有 21 个，实现了组织学习的双元平衡。

6.4.3.5 企业创新能力

京东方在第 Ⅱ 类技术引进的第 ⅳ/ⅰ 阶段和第 ⅲ 阶段，有效专利授权数为 53597 项，平均专利引证数为 15.8，平均专利被引证数为 8.1，平均专利族数为 6.3，专利质量较前一阶段得到了质的提升。新产品种类数跃升为 20 个，核心技术和主要产品都处于国际领先水平，总体创新能力国际领先，如表 6-9 所示（数据截至 2019 年 10 月）。

表 6-9　京东方二次创新过程中联盟组合网络特征与组织学习动态演化对企业创新能力的影响

发展阶段	第一阶段（1993~2000 年）	第二阶段（2001~2010 年）	第三阶段（2011~2019 年）
引进 I	通过合资生产 CRT 及配套（ⅰ）	通过并购模仿 TFT-LCD（ⅰ、ⅱ、ⅲ）	
引进 II			引进基于新型半导体显示技术的 TFT-LCD、OLED 后二次创新（ⅳ/ⅰ）及跨界融合应用（ⅲ）
二次创新阶段	ⅰ	ⅰ，ⅱ→ⅲ	ⅳ/ⅰ+ⅲ
环境动态性	低	中	高
技术战略导向	低	中	高
联盟组合网络			
伙伴多样性	7	13→14	30
网络强度	二重网络	弱网络→强网络	二重网络
弱联结数	7（43.8%）	17（85%）→ 2（7.7%）	36（55.4%）
强联结数	9（56.2%）	3（15%）→ 24（92.3%）	29（44.6%）
网络规模	16	20→26	65
组织学习平衡模式	—	间断型平衡	双元平衡
探索性学习	9	11→3	16
利用性学习	0	1→23	21
企业创新能力	国内一般	国内领先	国际领先
专利质量	很低	中等	较高
专利授权数	4	782→1606	53597
平均专利引证数	0	0.6→0.8	15.8
平均专利被引证数	0	0.3→2.3	8.1
平均专利族数	1	1.0→2.5	6.3
新产品种类数	5	1→3	20
产品新颖性	企业内新颖	国内新颖	国际新颖

资料来源：马丽，邵云飞. 二次创新中组织学习平衡与联盟组合网络匹配对技术能力的影响——京东方 1993~2018 年纵向案例研究［J］. 管理学报，2019，16（6）：6-16.

6.5 案例讨论

以上案例研究表明，在二次创新过程中，组织学习平衡是否与联盟组合网络特征实现动态匹配，将极大地影响到后发企业的二次创新阶段演进以及创新能力追赶效果。据此，本书构建了二次创新过程中，联盟组合通过组织学习平衡促进后发企业创新能力追赶的理论模型（见图6-4）。

6.5.1 组织学习平衡与联盟组合网络特征不匹配对企业创新能力的影响

京东方二次创新的第一个阶段，即第 I 类成熟 CRT 技术引进的第 i 阶段，CRT 产业相关产品市场需求稳定，替代 CRT 的液晶显示技术发展缓慢，京东方采取低技术战略导向，主要与外企分散合资生产 CRT 及其零配件。这一阶段，京东方处在一个网络规模小、多样化程度很低的二重联盟组合网络中，虽然企业可控资源数量和种类都很少，但二重网络中同时蕴含着有利于创新的新知识资源和有利于技术改进的同质资源。但是，由于技术输出方的控制，京东方的组织学习主要停留在"从无到有"的探索性学习阶段，利用性学习开展不足，使其无法走上"积极型消化吸收"的良性循环，无法实现"结构性理解"和"功能性理解"，二次创新无法向下一阶段发展。二次创新的阶段固化，致使京东方在 CRT 技术被 TFT-LCD 技术强替代时也没能掌握相关技术原理和实现生产工艺创新，其创新能力一直停留在生产出符合技术母国要求的产品的水平上，无法赶超领先企业（马丽和邵云飞，2019），最终企业面临技术边缘化和技术范式转变的"非线性打击"危机（吴晓波，1995）。

据此，本书认为焦点企业在二次创新过程中，组织学习平衡与联盟组合网络特征的不匹配将阻碍企业创新能力的有效提升。

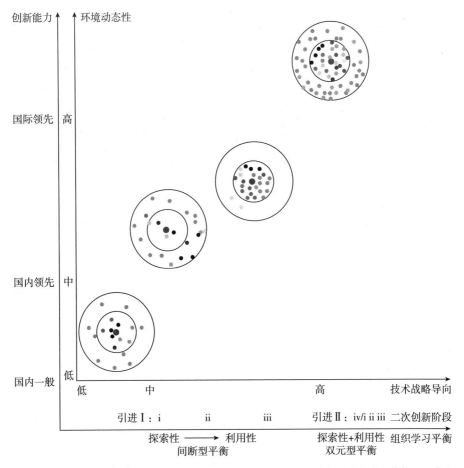

注： ● 代表焦点企业； ◉ 内的 • 代表与焦点企业的联结强度为强联结的联盟伙伴； ○ 内的
• 代表与焦点企业的联结强度为弱联结的联盟伙伴； • 的个数代表网络规模； • 的颜
色种类代表网络多样性；"探索性→利用性"表示前期特征是探索性，后期特征是利用
性；"探索性+利用性"为两种特征同时具备。

图6-4 二次创新中组织学习平衡与联盟组合网络动态演化提升企业创新能力理论模型

资料来源：马丽，邵云飞. 二次创新中组织学习平衡与联盟组合网络匹配对技术能力的影响——
京东方1993~2018年纵向案例研究［J］. 管理学报，2019，16（6）：6-16.

6.5.2 组织学习平衡与联盟组合网络特征动态匹配对企业创新能力的影响

京东方二次创新的第二个阶段，即第Ⅰ类成熟 TFT-LCD 技术引进的第 i 阶段和第 ii 阶段，由于受液晶周期和终端客户范围扩大，以及终端产品更新换代速度加快的影响，其面临的市场需求动态性变高。以新型半导体材料为基础的 TFT 技术替代速度加快，致使京东方面临的技术发展动态性也很高。为此，京东方大大提高了技术战略导向，从一开始就选择能提升自主创新能力的"国外收购，国内建线"的模式进入液晶显示领域，并不断加强技术研发。在这一阶段，京东方的联盟组合网络规模小，技术多样性少，网络联结强度弱，企业可控资源数量和种类不多，但资源异质性程度高，京东方选择探索性学习方式利用网络中有限的异质性资源，逐步学习第 5 代线的建线和产品知识。当京东方掌握了第 5 代线的核心技术时，就具备了推动二次创新向第 iii 阶段演进的动力来源。进入第Ⅰ类成熟 TFT-LCD 技术引进的第 iii 阶段，其联盟组合网络规模逐渐变大，技术多样性由少到多，并逐渐由弱网络向强网络转变，在联盟组合网络特征逐渐变化的过程中，企业可控资源数量和种类不断增加，有利于企业技术提炼完善的同质性资源越来越多，京东方动态调整组织学习由探索性为主向利用性为主转变从而实现组织学习间断平衡，并积极有效地利用联盟组合网络中的丰富资源，企业创新能力实现国内领先并逐步接近国际领先水平。

由于新型平板显示行业具有技术迭代速度特别快、生产线投资特别大、资源依赖性特别强和市场竞争异常激烈等特点，京东方既要应对技术"非线性打击"的可能性，又要保持市场占有率和利润率。因此，京东方在具备了较高水平的创新能力后，开始推进二次创新进入第三个阶段，即成熟技术引进后二次创新阶段（iv）或称第Ⅱ类新兴技术的模仿创新阶段（i）第Ⅱ类新兴技术的跨界融合应用阶段（iii）。此时，智能移动终端市场的兴起以及显示工业的第五次应用浪潮使京东方面临的市场需求动态性非常高。而未来显示技术发展的不确定性和显示器件在产业链附加值中所占比例逐渐下降的趋势，进一步加剧了京东方面临的技术发展动态性。鉴于此，京东方在这一阶段采取了更高的技术战略导向，挺进半导体显示技术前沿，研发前瞻性技术，开展多领域跨界技术融合。这一阶段，京东方构建的联盟组合网络规模更大，技术多样性更多，网络强度为二重网络，并将探索性学习和利用性学习并重，通过组织学习双元平衡来利用二重网络中丰富的原始技术创新资源和同质资源，以保证创新能力持续动态演进和市场利润的可持续性（Bae and Insead, 2004）。通过这种多次重复的二次创新，京东方的创新能力达到了国际领先，实现了对领先企业的赶超。

值得关注的是，近年来国外领先企业越来越关注后发企业的快速发展对它们构成的威胁。一方面，大多数后发企业已经不被允许通过正式的技术引进渠道或者跨国并购获得成熟技术，对新兴技术更是采取严密封锁态势；另一方面，后发企业不得不在国内外市场上与先进企业展开激烈竞争，同时应对技术和市场的双重挑战。所以，后发企业在将二次创新推进到后二次创新（ⅳ），或第Ⅱ类新兴技术的模仿创新阶段（ⅰ），就必须注意动态构建联盟组合为规模大、多样化和强弱联结兼备的二重网络。并在该网络中积极开展探索性学习搜索原始创新知识资源，加大自身 R&D 投入，争取赢得长期技术竞争优势；同时积极开展利用性学习，促进成熟技术和新兴技术的快速商品化，赢得市场竞争优势，获得短期利润支持。

据此，本书认为，焦点企业在二次创新过程中，随着企业联盟组合网络由小规模、低多样化程度和弱强交替网络向大规模、高多样化程度和二重网络的演化，动态调整组织学习平衡模式由间断型平衡向双元型平衡转变，最终实现长期的组织学习混合平衡，将有利于后发企业实现创新能力的提升与赶超。

📠 本章小结

本章选取京东方作为案例研究对象，运用案例研究法，在不同的外部环境中和不同的技术战略导向下，从正反两方面，从第Ⅰ类技术和第Ⅱ类技术两种技术的引进，揭示了二次创新过程中，焦点企业联盟组合网络特征、组织学习平衡与企业创新能力的演化规律，为焦点企业组织学习平衡与联盟组合网络特征动态匹配是促进焦点企业从第Ⅰ类技术引进迈向第Ⅱ类技术引进并成功实现创新能力追赶提供了理论基础。研究结论验证了本书的理论框架，深化了对联盟组合与企业创新能力的动态演化关系的认识。

❼ 研究结论与展望

本书在前六章中阐述了开展联盟组合网络特征与企业创新能力关系研究的现实背景及理论背景，通过文献研究和企业访谈提出了联盟组合网络特征影响企业创新能力的理论模型和研究假设，基于问卷调查数据并运用结构方程建模与多元回归分析，分别探讨了联盟组合网络特征对企业创新能力的影响机制和权变视角下的联盟组合网络特征对企业组织学习的影响机制，同时进一步借助纵向单案例研究，从演变视角探讨了联盟组合网络特征与企业创新能力的动态演化关系。本章将概括全书的主要结论、理论贡献与实践启示，以及本书的不足之处和未来需要进一步研究的方向。

7.1　研究结论

本书以社会网络理论、组织学习理论、权变理论和动态能力理论为基础，构建了联盟组合网络"伙伴多样性—联结强度—网络规模"的三维特征分析构架，建立了包含组织学习的中介效应模型、环境动态性与技术战略导向的调节效应模型，以及系统的理论假设，并运用结构方程法、多元层次回归法和案例研究法进行了验证，最终得出以下主要研究结论：

（1）联盟组合网络特征通过探索性学习和利用性学习促进企业创新能力提高。联盟组合中蕴含着丰富的创新资源，但并不是所有的企业都能从联盟组合中获得相同程度的创新收益，创新收益的高低受制于企业从联盟资源中恰当地获得创新价值的内部能力（Wuyts and Dutta, 2014; Chung et al., 2019）。组织学习的本质是一种动态能力，企业在联盟中组织学习的开展情况在很大程度上决定了其联盟组合构建的有效性。本书通过实证分析发现，联盟组合若要提升组织创新能力，需要以探索性学习与利用性学习作为中介。具体来说，联盟组合网络特征对组织学习及创新能力的影响是多维的，即伙伴多样性与探索性学习和利用性学习之间均呈明显的正相关；联结强度与探索性学习和利用性学习之间分别呈明显的负相关、明显的正相关；网络规模与探索性学习和利用性学习之间也均呈明显的正相关；两类组织学习均对企业创新能力有明显的促进作用；探索性学习和利用性学习两个中介变量在伙伴多样性和联结强度对企业创新能力的影响中起到了部分中介作用，在网络规模对企业创新能力的影响中起到了完全中介作用。这意味着联盟组合网络特征是通过影响两类组织学习进而促进了企业创新能力的提高。

（2）环境动态性和技术战略导向在联盟组合网络特征影响组织学习的过程中发挥调节作用。联盟组合网络特征虽然可以以两类组织学习为中介提升企业的创新能力，但这种创新机制的作用发挥还受企业环境特性和组织特性的影响。在"联盟组合网络特征—组织学习—企业创新能力"的中介效应模型中引入环境动态性和技术战略导向两个调节变量，以考察联盟组合网络特征对组织学习的权变效应。实证结果表明，随着环境动态性的增强，探索性学习受联盟组合伙伴多样性的正向影响越强，利用性学习受联盟组合伙伴多样性的正向影响越弱，探索性学习受联结强度的负向影响越强，利用性学习受网络规模的正向影响越弱；随着技术战略导向的增强，两类组织学习受伙伴多样性与网络规模的正向影响越强，利用性学习受联结强度的正向影响越强。

（3）组织学习平衡与联盟组合网络特征动态匹配可以促进企业创新能力持续提高。定性—定量混合型纵向单案例研究，既有质性研究的现实可感性，又具有定量研究成果的"概推性"等方面的优势（唐权，2017），还可以较好地回答"怎么样"和"为什么"的问题（Yin, 2017），能够更深入地反映联盟组合网络特征、组织学习和企业创新能力在不同时期的变化情况，更好地回答本书研究框架中提出的问题。本书选取新型平板显示行业的典型企业——京东方作为案例分析对象，研究结果表明，在二次创新过程中，组织学习平衡是否与联盟组合网络特征动态匹配会极大地影响后发企业的二次创新阶段演进以及创新能力追赶效果，具体来说，焦点企业在二次创新过程中，组织学习平衡与联盟组合网络不匹配将阻碍创新能力的有效提升，而焦点企业在二次创新过程中，随着企业联盟组合网络由小规模、低多样化程度和弱强交替网络向大规模、高多样化程度和二重网络的演化，动态协同调整组织学习平衡模式由间断型平衡向双元型平衡转变，最终实现长期的组织学习混合平衡将有利于后发企业实现创新能力的提升与赶超（马丽和邵云飞，2019）。

7.2　理论贡献与实践启示

7.2.1　理论贡献

本书主要有以下三个方面的理论贡献：

其一，明确了联盟组合网络特征影响企业创新能力的作用机制，拓展了组织学习理论的研究领域。

本书构建了"联盟组合网络特征—组织学习—企业创新能力"中介效应模型，并通过实证研究证实了联盟组合网络特征对企业创新能力的正向影响，两类组织学习起到了关键的中介作用。研究结论明确了企业越是依赖开放性的联盟组合网络进行创新，就越需要进行强大的内部能力投资。组织学习作为一种重要的企业内部能力，其模式选择是否与联盟组合网络特征相匹配，与企业能否有效获取联盟组合中蕴含资源的创新价值具有很强的关联性。由此推动了"联盟组合中的焦点企业究竟应该通过何种途径提高创新能力"这一问题的有效解决，深化了企业依托联盟组合促进技术创新的作用机制理论研究的深入，也拓展了组织学习理论的研究范围。

其二，探析了联盟组合网络特征对组织学习的影响机制受企业内部战略因素和企业外部环境因素的权变调节，丰富了联盟组合创新效应研究理论成果。

本书通过实证研究证明，在企业内部技术战略导向和企业外部环境动态性各异的情景下，探索性学习和利用性学习受联盟组合网络特征的影响亦不同。其中，技术战略导向正向调节探索性学习和联盟组合伙伴多样性、网络规模之间的关系，并正向调节利用性学习和联盟组合伙伴多样性、联结强度、网络规模之间的关系；环境动态性正向调节探索性学习和联盟组合伙伴多样性、联结强度之间的关系，并负向调节利用性学习和联盟组合伙伴多样性、网络规模之间的关系。这一调节机制的明确，深化了对企业联盟组合网络特征影响组织学习的内部和外部作用情景的理解，使企业能够根据其外部环境特点和内部技术战略，以全新的情景视角有效调整联盟组合网络配置以实现相应的组织学习目标，进而提升技术创新能力。这对联盟组合创新效应研究理论成果的丰富完善具有促进作用。

其三，揭示了联盟组合网络特征、组织学习和企业创新能力的动态演化规律，对联盟组合创新效应的研究体系做了有益补充。

随着外部环境和技术战略导向的变化，焦点企业需要动态地调整联盟组合的伙伴、伙伴间关系和网络结构，以便获取提升创新能力所需的适配性资源。而联盟组合中蕴含的资源并不会自动转化成企业创新能力，只有当企业根据联盟组合网络特征动态地调整其组织学习模式时，才能有效地获取网络资源中的创新价值，最终为持续提升创新能力提供不竭动力。在我国大部分企业都属于后发企业并以二次创新为主要创新模式的现实背景下，揭示在二次创新的动态过程中，在外部环境和技术战略导向的具体变化情况下，焦点企业的联盟组合网络特征、组织学习和创新能力的动态演化规律，这将有效指引企业在变化中的内外条件下根据联盟组合网络特征动态调整组织学习模式，从而持续地推进二次创新演进和企业创新能力的提高。这使得联盟组合与企业创新能力关系的研究得以纵向拓展，对联盟组合、组织学习和技术创新理论做出有益的补充。

7.2.2　实践启示

本书对中国企业的创新实践具有以下三个方面的启示：

其一，构建合适的联盟组合提升自主创新能力。联盟组合效应是非常复杂和不确定的，焦点企业可以利用自身网络中心位置，根据外界环境特性和技术战略布局构建合适的联盟组合，通过联盟组合提高创新能力。

首先，增加联盟伙伴多样性。联盟伙伴多样性可以促进探索性学习和利用性学习，进而促进企业创新能力的提高。目前，我国大部分企业的联盟伙伴多样性还没有达到对创新能力产生负向效应的拐点阶段，因此，企业可以根据自身具体情况尝试和更多类型、更多地理区域、更多产业的伙伴交流与合作，寻找合适的联盟伙伴，扩大联盟伙伴多样性。

其次，平衡伙伴间关系强度。利用性学习和探索性学习对企业都非常重要，都能促进企业创新能力的提高，只是在不同的情景条件下会有所侧重。企业要根据自身的技术能力发展阶段、吸收能力水平和外界环境的变化选择合适的组织学习模式，并建立不同的联盟组合网络联结强度予以支撑。强联结伙伴可以给企业带来同质性知识，促进利用性学习，弱联结伙伴可以给企业带来更多新颖的知识，促进探索性学习，焦点企业要根据自己的组织学习平衡模式构建和平衡好联盟伙伴间的关系强度。

最后，重视环境特性和组织特性的权变效应。一方面，在动态的环境中，更应该注意在多样性、弱联结的伙伴中扩大创新搜索，增加异质的、新颖的知识获取，促进探索性学习，以应对市场和技术的快速变化与不确定带来的风险。另一方面，目前我国大部分企业更偏重于利用性学习，那就要制定与企业学习能力和技术能力相适应的技术战略，不宜盲目追求高技术战略导向。

其二，加强企业内部能力建设以有效提取联盟组合中的创新价值。在产品日趋复杂、技术日益分散以及不确定性日益加剧的动态环境中，企业应该重视通过联盟合作获取外源知识和外部合作关系中的创新价值，从而提高自主创新能力。但是，内部能力是获取外部价值的关键影响因素，企业越是依赖外部资源进行创新，就越需要在知识生成活动中进行更多的内部能力投资（Weigelt，2009）。任何希望通过联盟关系提升创新能力的企业都应该重视组织学习，在企业技术水平不高时，努力加强现有技术的研发、流程的优化、工艺的更新和产品性能的改进，为企业积累更多的本行业技术知识以及获取更多的财务收益。当企业的技术水平发展到一定程度时，则要注重探索新技术和新产品的研发，这样才能逐步提高自身的竞争优势。

其三，动态调整组织学习与联盟组合网络特征匹配以持续提升企业创新能力。在技术迭代速度加快、竞争加剧以及国际政治、经济环境日益复杂的情况下，联盟组合网络特征、组织学习与企业创新能力的关系不是一成不变的，它们的关系随着时间推移和条件改变而动态演变。因此，要注重联盟组合构建的动态性以及组织学习开展的动态性，增强企业的资源柔性和协调柔性，适时动态调整联盟组合网络特征与组织学习目标相匹配，以获取最大的创新收益。

7.3 研究展望

尽管联盟组合网络特征与企业创新关系之间的研究成果已比较丰富，但仍有很多可以拓展和深化之处。在本书的研究基础上，笔者认为有以下三个可以深入研究的方向：

（1）深化联盟组合网络特征间的组合效应及其对企业创新能力的影响研究。本书从"点—线—面"三个维度构建了"伙伴多样性—联结强度—网络规模"的网络特征分析构架。其中，伙伴多样性决定了焦点企业可获得资源的种类多少，网络联结强度反映了焦点企业获取资源异质性的程度，网络规模影响联盟组合中焦点企业可控资源的数量多少，这种分析框架虽然已经能比较全面地分析联盟组合网络特征对企业创新能力的影响，但是并没有考虑联盟组合网络不同维度特征间的组合效应对企业创新能力的影响，例如，大规模网络中的强关系和小规模网络中的强关系对企业创新能力的影响有何不同等。在今后的研究中，联盟组合网络特征间的组合效应及其对企业创新能力的影响研究应该成为一个重要的关注点。

（2）完善中介变量的交互效应分析。利用性学习和探索性学习是两种截然不同的学习，在组织内部争夺稀缺资源，但是，自从组织学习被引入战略联盟领域后，两者在联盟条件下是可以通过间断性平衡（Lavie et al.，2010）、双元平衡（Lavie and Rosenkopf，2006）和混合型平衡（Rowley et al.，2000；Jiang et al.，2010；彭新敏等，2011；彭新敏等，2014；Phelps，2010；蔡宁和潘松挺，2008）共存的。利用性学习的开展不仅能为探索性学习的实施打下基础，前者的良好开展还能使后者获得稳定的资金支持，对现有技术领域知识的深度挖掘可以为探索性学习的发展提供强大的知识基础，因此，利用性学习可以促进探索性学习，这已得到本书的实证检验。但是，探索性学习越强的企业，开展利用性学习的技术基础就越好，探索性学习的发展有利于为已有技术找到新的应用领域，从而促进利用性学习的发展，这在本书的案例分析中已有所体现，京东方之所以能够实现创新能力的赶超，就在于非常注重探索性学习的开展，以及在每一阶段利用好不同的组织学习平衡模式。因此，今后的研究也应该重视探索性学习对利用性学习的影响研究，以便为企业更好地开展组织学习提供理论指导。

（3）开展多案例纵向对比研究。采用单案例纵向研究，虽然可以深度挖掘和全面展示案例企业在不同的环境和技术战略下的联盟组合网络特征、组织学习和创新能力情况，但是单一案例研究得出的结论普适性不足，这可以在后续研究中通过纵向多案例对比研究进行完善，以增强案例研究结论的说服力和适用的广泛性。

参考文献

［1］包英群，鲁若愚，熊麟．全球液晶显示产业专利质量评价［J］．技术经济，2015，34（4）：1-6.

［2］彼得·圣吉．第五项修炼——学习型组织的艺术与实务［M］．郭进隆译．上海：上海三联书店，1994.

［3］别华荣．基于技术体制的企业技术战略与创新绩效关系研究［D］．浙江大学硕士学位论文，2010.

［4］蔡彬清，陈国宏．链式产业集群网络关系、组织学习与创新绩效研究［J］．研究与发展管理，2013（4）：126-133.

［5］蔡宁，潘松挺．网络关系强度与企业技术创新模式的耦合性及其协同演化研究——以海正药业技术创新网络为例［J］．中国工业经济，2008（4）：137-144.

［6］陈德智，吴迪，李钧，等．企业技术战略与研发投入结构和创新绩效关系研究［J］．研究与发展管理，2014，26（4）：67-81.

［7］陈劲，吕文晶．中国企业的创新之路［J］．科学与管理，2017（2）：1-5.

［8］陈蓉．技术能力、技术战略与创新绩效的关系研究［D］．华南理工大学硕士学位论文，2013.

［9］程源，傅家骥．企业技术战略的理论构架和内涵［J］．科研管理，2002，23（5）：75-80.

［10］戴海闻，曾德明，张运生．标准联盟组合嵌入性社会资本对企业创新绩效的影响研究［J］．研究与发展管理，2017，29（2）：93-101.

[11] 邓渝，黄小凤．促进还是规避竞争：联盟组合伙伴竞争与突破性创新倒 U 型关系研究 [J]．科学学与科学技术管理，2017，38（10）：55-68.

[12] 邓渝，邵云飞．联盟组合伙伴选择、双元组织学习与创新能力关系研究 [J]．研究与发展管理，2016，28（6）：1-9.

[13] 董小英，晏梦灵，胡燕妮．华为启示录：从追赶到领先 [M]．北京：北京大学出版社，2018.

[14] 杜欣．网络视角下联盟组合创新合作行为的演化与创新绩效研究 [D]．电子科技大学博士学位论文，2017.

[15] 奉小斌，陈丽琼．探索与开发之间的张力及其解决机制探析 [J]．外国经济与管理，2010（12）：19-26.

[16] 傅家骥，程源．面对知识经济的挑战，该抓什么？——再论技术创新 [J]．中国软科学，1998（7）：36-39.

[17] 郭京京，吴晓波．产业集群的演进：二次创新和组织学习 [J]．科学学研究，2008（6）：1310-1315.

[18] 韩炜，邓渝．"熟"能生"巧"吗？重复联盟与焦点企业创新的倒 U 形关系研究 [J]．研究与发展管理，2018，30（2）：10-20.

[19] 韩炜，邓渝．联盟组合的研究评述与展望：联盟组合的交互、动态与影响效应 [J]．管理评论，2018，30（10）：169-183.

[20] 何丰均．联盟组合多样性、股权治理机制与创业企业绩效的关系研究 [D]．西南政法大学硕士学位论文，2015.

[21] 何美贤．关系营销导向对集群内企业间联盟绩效的影响研究 [D]．华南理工大学博士学位论文，2014.

[22] 洪进，洪嵩，赵定涛．技术政策、技术战略与创新绩效研究——以中国航空航天器制造业为例 [J]．科学学研究，2015，33（2）：195-204.

[23] 江积海，蔡春花．联盟组合的结构特征对开放式创新的影响机理——瑞丰光电的案例研究 [J]．科学学研究，2014，32（9）：1396-1404.

[24] 江积海，刘凤．国外联盟组合研究述评及展望 [J]．外国经济与管理，2013，35（3）：12-21.

[25] 李常洪，姚莹．联盟组合合作伙伴多样性和企业绩效的关系 [J]．工业技术经济，2017（2）：133-138.

［26］李桦，储小平，郑馨．双元性创新的研究进展和研究框架［J］．科学学与科学技术管理，2011（4）：58-65.

［27］李平，曹仰锋．案例研究方法：理论与范例——凯瑟琳·埃森哈特论文集［M］．北京：北京大学出版社，2012.

［28］李平，杨政银，曹仰锋．再论案例研究方法：理论与范例［M］．北京：北京大学出版社，2019.

［29］林枫，孙小微，张熊林，等．探索性学习—利用性学习平衡研究进展及管理意义［J］．科学学与科学技术管理，2015，36（4）：55-63.

［30］刘刚．创业警觉多维性、转型环境动态性与创业企业商业模式创新［J］．管理学报，2019，16（10）：1507-1515.

［31］刘宇，邵云飞，康健．知识共享视角下联盟组合构型对企业创新绩效的影响［J］．科技进步与对策，2019，36（21）：134-140.

［32］路风．光变：一个企业及其工业史［M］．北京：当代中国出版社，2016.

［33］陆雄文．管理学大辞典［M］．上海：上海辞书出版社，2013.

［34］马丽，邵云飞．二次创新中组织学习平衡与联盟组合网络匹配对技术能力的影响——京东方1993~2018年纵向案例研究［J］．管理学报，2019，16（6）：6-16.

［35］马庆国．管理统计：数据获取、统计原理、SPSS工具与应用研究［M］．北京：科学出版社，2002.

［36］潘秋玥，魏江，黄学．研发网络节点关系嵌入二元拓展，资源整合与创新能力提升：鸿雁电器1981~2013年纵向案例研究［J］．管理工程学报，2016，30（1）：19-25.

［37］潘松挺，蔡宁．网络关系强度与组织学习：动态性的调节作用［J］．科学决策，2010（4）：48-54.

［38］潘松挺，蔡宁．企业创新网络中关系强度的测量研究［J］．中国软科学，2010（5）：108-115.

［39］庞博，邵云飞，王思梦．联盟组合管理能力与企业创新绩效：结构洞与关系质量的影响效应［J］．技术经济，2018，37（6）：48-56.

［40］彭新敏．企业网络对技术创新绩效的作用机制研究：利用性—探索

性学习的中介效应［D］.浙江大学博士学位论文，2009.

［41］彭新敏，孙元.联盟成员组织学习平衡模式实证研究综述与展望［J］.外国经济与管理，2011，33（10）：26-32.

［42］彭新敏，吴晓波，吴东.基于二次创新动态过程的企业网络与组织学习平衡模式演化——海天1971～2010年纵向案例研究［J］.管理世界，2011（4）：137-149.

［43］彭新敏，郑素丽，吴晓波，等.后发企业如何从追赶到前沿：双元性学习的视角［J］.管理世界，2017（2）：142-158.

［44］彭云峰，薛娇，孟晓华.创业导向对创新绩效的影响——环境动态性的调节作用［J］.系统管理学报，2019，28（6）：1014-1020.

［45］荣泰生.AMOS与研究方法［M］.重庆：重庆大学出版社，2010.

［46］宋志红，何洋，李冬梅.联盟网络特征与组织学习模式转变——一个纵向案例研究［J］.科研管理，2014，35（8）：126-133.

［47］孙笑明，崔文田，王乐.结构洞与企业创新绩效的关系研究综述［J］.科学学与科学技术管理，2014，35（11）：142-152.

［48］唐权.混合案例研究法：混合研究法在质性—实证型案例研究法中的导入［J］.科技进步与对策，2017，34（12）：155-160.

［49］唐权，杨立华.再论案例研究法的属性、类型、功能与研究设计［J］.科技进步与对策，2016，33（9）：117-121.

［50］王健，黄群慧.组织遗忘、组织即兴与环境动态性视角下企业原始性创新构建路径［J］.科技进步与对策，2019，36（10）：84-90.

［51］王永健，谢卫红，王田绘等.强弱关系与突破式创新关系研究——吸收能力的中介作用和环境动态性的调节效应［J］.管理评论，2016（10）：111-122.

［52］魏泽龙，王舒阳，宋茜，等.战略认知、外部环境对商业模式新颖性的影响研究［J］.科学学与科学技术管理，2017，38（12）：109-123.

［53］文金艳，曾德明.标准联盟组合配置与企业技术标准化能力［J］.科学学管理，2019，37（7）：1277-1285.

［54］温忠麟，侯杰泰，张雷.调节效应与中介效应的比较和应用［J］.心理学报，2005，37（2）：268-274.

［55］吴明隆．问卷统计分析实务——SPSS 操作与应用［M］．重庆：重庆大学出版社，2010.

［56］吴晓波．二次创新的进化过程［J］．科研管理，1995（2）：27-35.

［57］吴晓波．二次创新的周期与企业组织学习模式［J］．管理世界，1995（3）：168-172.

［58］吴晓波，马如飞，毛茜敏．基于二次创新动态过程的组织学习模式演进——杭氧 1996~2008 纵向案例研究［J］．管理世界，2009（2）：152-164.

［59］谢洪明，张霞蓉，程聪，等．网络关系强度、企业学习能力对技术创新的影响研究［J］．科研管理，2012，33（2）：57-64.

［60］解学梅，左蕾蕾．企业协同创新网络特征与创新绩效：基于知识吸收能力的中介效应研究［J］．南开管理评论，2013，16（3）：47-56.

［61］许岱璇，陈德智．技术战略对创新绩效的影响：基于资源结构视角的案例分析［J］．科技管理研究，2016（19）：13-19.

［62］杨卓尔，高山行，曾楠．战略柔性对探索性创新与应用性创新的影响——环境不确定性的调节作用［J］．科研管理，2016，37（1）：1-10.

［63］殷俊杰，邵云飞．创新搜索和惯例的调节作用下联盟组合伙伴多样性对创新绩效的影响研究［J］．管理学报，2017，14（4）：545-553.

［64］殷俊杰．企业联盟组合管理能力对合作创新绩效的影响机制研究［D］．电子科技大学博士学位论文，2018.

［65］应洪斌．结构洞对产品创新绩效的作用机理研究——基于知识搜索与转移的视角［J］．科研管理，2016，37（4）：9-15.

［66］余菲菲．联盟组合构建对企业绿色创新行为的影响机制——基于绿色开发商的案例启示［J］．科学学与科学技术管理，2015，36（5）：13-23.

［67］余自武，韩铖熹．民机制造巨擘的供应链管理［J］．大飞机，2014（2）：44-47.

［68］岳金桂，于叶．技术创新动态能力与技术商业化绩效关系研究——环境动态性的调节作用［J］．科技进步与对策，2019，36（10）：91-98.

［69］曾德明，文金艳．协作研发网络中心度、知识距离对企业二元式创新的影响［J］．管理学报，2015，12（10）：1479-1486.

［70］詹坤，邵云飞，唐小我．联盟组合构型网络动态演化研究［J］．科研管理，2016，37（10）：93-101.

［71］詹坤，邵云飞，唐小我．联盟组合网络特征对创新能力影响的实证研究［J］．科学学研究，2017，35（12）：1910-1920.

［72］詹也．联盟组合管理能力对企业绩效的作用机制研究［D］．浙江大学博士学位论文，2013.

［73］詹也，吴晓波．企业联盟组合配置战略与组织创新的关系研究——基于我国汽车行业的多案例研究［J］．科学学研究，2012，30（3）：466-473.

［74］张宝建，孙国强，裴梦丹，等．网络能力，网络结构与创业绩效——基于中国孵化产业的实证研究［J］．南开管理评论，2015，18（2）：39-50.

［75］张光曦．如何在联盟组合中管理地位与结构洞？——MOA 模型的视角［J］．管理世界，2013（11）：89-100.

［76］张红娟，谭劲松．联盟网络与企业创新绩效：跨层次分析［J］．管理世界，2014（3）：163-169.

［77］张群祥．质量管理实践对企业创新绩效的作用机制研究：创新心智模式的中介效应［D］．浙江大学博士学位论文，2012.

［78］张玉利，李乾文．双元型组织研究评价［J］．外国经济与管理，2006，28（1）：1-8.

［79］赵良杰，宋波．技术互依性、组织双元能力与联盟创新绩效：基于动态网络的视角［J］．研究与发展管理，2015，27（1）：113-123.

［80］赵炎，周娟．企业合作网络中嵌入性及联盟类型对创新绩效影响的实证研究——以中国半导体战略联盟网络为例［J］．研究与发展管理，2013，25（1）：12-23.

［81］郑梅莲，宝贡敏．技术战略影响企业绩效的机理研究——以浙江省制造业企业为例［J］．科学学研究，2007，25（4）：691-696.

［82］周杰，江积海．联盟组合中探索性学习与挖掘性学习的平衡模式：案例研究［J］．技术经济，2014（33）：13-18.

［83］朱兵，王文平，王为东，等．企业文化、组织学习对创新绩效的影

响〔J〕. 软科学，2010（1）：65-69+74.

〔84〕朱建民，朱静娇. 制造业技术转型视角下企业创新意识与创新绩效实证研究——基于技术战略的调节作用〔J〕. 预测，2018，37（8）：29-34.

〔85〕A. Tashukkori，C. Teddlie. 混合方法论：定性方法和定量方法的结合〔M〕. 唐海华译. 重庆：重庆大学出版社，2012.

〔86〕B. H. Hall，N. Rosenberg. 创新经济学手册〔M〕. 上海市科学学研究所，译. 上海：上海交通大学出版社，2017.

〔87〕N. Bradburn，S. Sudman，B. Wansink. 问卷设计手册——市场研究、民意调查、社会调查、健康调查〔M〕. 赵锋，译. 重庆：重庆大学出版社，2010.

〔88〕R. K. Yin. 案例研究：设计与方法〔M〕. 周海涛，史少杰译. 重庆：重庆大学出版社，2017.

〔89〕Andrevski G.，Brass D. J.，Ferrier W. J. Alliance Portfolio Configurations and Competitive Action Frequency〔J〕. Journal of Management，2016，42（4）：811-837.

〔90〕Atuahene-Gima K.，Murray J. Y. Exploratory and Exploitative Learning in New Product Development：A Social Capital Perspective on New Technology Ventures in China〔J〕. Journal of International Marketing，2007，15（2）：1-29.

〔91〕Bae J.，Insead M. G. Partner Substitutability，Alliance Network Structure，and Firm Profitability in the Telecommunications Industry〔J〕. Academy of Management Journal，2004，47（6）：843-859.

〔92〕Barney J. B. Firm Resource and Sustained Competitive Advantage〔J〕. Journal of Management，1991，17（1）：99-120.

〔93〕Baum J. A.，Calabrese T.，Silverman B. S. Don't Go It Alone：Alliance Network Composition and Startups' Performance in Canadian Biotechnology〔J〕. Strategic Management Journal，2000，21（3）：267-294.

〔94〕Benner M. J.，Tushman M. L. Process Management and Technological Innovation：A Longitudinal Study of the Photography and Paint Industries〔J〕. Administrative Science Quarterly，2002，47（4）：676-706.

〔95〕Berggren C.，Magnusson T.，Sushandoyo D. Transition Pathways Revisited: Established Firms as Multi - level Actors in the Heavy Vehicle Industry [J]. Research Policy, 2015, 44 (5): 1017-1028.

[96] Brunner D. J., Staats B. R., Tushman M. L. Wellsprings of Creation: Perturbation and the Paradox of the Highly Disciplined Organization [D]. Harvard Business School, 2009.

[97] Burt R. S. Structural Holes: The Social Structure of Competition [M]. Cambridge: Harvard University Press, 1992.

[98] Burt R. S. Reinforced Structural Holes [J]. Social Networks, 2015 (43): 149-161.

[99] Burt R. S., Kilduff M., Tasselli S. Social Network Analysis: Foundations and Frontiers on Advantage [J]. Annual Review of Psychology, 2013, 64 (1): 527-547.

[100] Capaldo A. Network Structure and Innovation: The Leveraging of a Dual Network as a Distinctive Relational Capability [J]. Strategic Management Journal, 2007, 28 (6): 585-608.

[101] Castro I., Casanueva C., Galán J. L. Dynamic Evolution of Alliance Portfolios [J]. European Management Journal, 2014, 32 (3): 423-433.

[102] Castro I., Roldán J. L. Alliance Portfolio Management: Dimensions and Performance [J]. European Management Review, 2015, 12 (2): 63-81.

[103] Castro I., Roldán J. L., Acedo F. J. The Dimensions of Alliance Portfolio Configuration a Mediation Model [J]. Journal of Management & Organization, 2015, 21 (2): 176-202.

[104] Chiambaretto P., Dumez H. Toward a Typology of Coopetition: A Multilevel Approach [J]. International Studies of Management & Organization, 2016, 46 (2-3): 110-129.

[105] Chiambaretto P., Wassmer U. Resource Utilization as an Internal Driver of Alliance Portfolio Evolution: The Qatar Airways Case (1993-2010) [J]. Long Range Planning, 2019, 52 (1): 51-71.

[106] Chung D., Kim M. J., Kang J. Influence of Alliance Portfolio Diversity on Innovation Performance: The Role of Internal Capabilities of Value Creation

[J] . Review of Managerial Science, 2019, 13 (5): 1093-1120.

[107] Cingöz A., Akdoğan A. A. Strategic Flexibility, Environmental Dynamism, and Innovation Performance: An Empirical Study [J] . Procedia-Social and Behavioral Sciences, 2013 (99): 582-589.

[108] Collins J., Riley J. Alliance Portfolio Diversity and Firm Performance: Examing Moderators [J] . Journal of Business and Management, 2013, 19 (2): 35-50.

[109] Colombo M. G., Doganova L., Piva E., et al. Hybrid Alliances and Radical Innovation: The Performance Implications of Integrating Exploration and Exploitation [J] . The Journal of Technology Transfer, 2015, 40 (4): 696-722.

[110] Cui A. S., O' Connor G. Alliance Portfolio Resource Diversity and Firm Innovation [J] . Social Science Electronic Publishing, 2012, 32 (4): 83-93.

[111] Datta A., Jessup L. M. Looking Beyond the Focal Industry and Existing Technologies for Radical Innovations [J] . Technovation, 2013, 33 (10-11): 355-367.

[112] Deeds D. L., Hill C. W. L. Strategic Alliances and the Rate of New Product Development: An Empirical Study of Entrepreneurial Biotechnology Firms [J] . Journal of Business Venturing, 1996, 11 (11): 41-55.

[113] Ding L., Velicer W. F., Harlow L. L. Effects of Estimation Methods, Number of Indicators Per Factor, and Improper Solutions on Structural Equation Modeling Fit Indices [J] . Structural Equation Modeling: A Multidisciplinary Journal, 1995, 2 (2): 119-143.

[114] Dittrich K., Duysters G., de Man A. P. Strategic Repositioning by Means of Alliance Networks: The Case of IBM [J] . Research Policy, 2007, 36 (10): 1496-1511.

[115] Doz Y. L., Hamel G. Alliance Advantage: The Art of Creating Value through Partnering [M] . Boston: Harvard Business School Press, 1998.

[116] Dyer J. H., Nobeoka K. Creating and Managing a High-performance Knowledge-sharing Network: The Toyota Case [J] . Strategic Management Journal, 2000, 21 (3): 345-367.

[117] Eisenhardt K. M. , Graebner M. E. Theory Building from Cases: Opportunities and Challenges [J] . Academy of Management Journal, 2007, 50 (1): 25-32.

[118] Eisingerich A. B. , Bell S. J. , Tracey P. How Can Clusters Sustain Performance? The Role of Network Strength, Network Openness, and Environmental Uncertainty [J] . Research Policy, 2010, 39 (2): 239-253.

[119] Faems D. , Janssens M. , Neyens I. Alliance Portfolios and Innovation Performance: Connecting Structural and Managerial Perspectives [J] . Group & Organization Management: An International Journal. 2012, 37 (2): 241-268.

[120] Fames D. , Van Looy B. , Debackere K. Interorganizational Collaboration and Innovation: Toward a Portfolio Approach [J] . Journal of Product Innovation Management, 2005, 22 (3): 238-250.

[121] Faems D. , Visser M. D. , Andries P. , et al. Technology Alliance Portfolios and Financial Performance: Value-enhancing and Cost-increasing Effects of Open Innovation [J] . Journal of Product Innovation Management, 2010, 27 (6): 785-796.

[122] Figueiredo P. N. Does Technological Learning Pay Off? Inter - firm Differences in Technological Capability - Accumulation Paths and Operational Performance Improvement [J] . Research Policy, 2002, 31 (1): 73-94.

[123] Garcia R. , Calantone R. J. , Levine R. The Role of Knowledge in Resource Allocation to Exploration Versus Exploitation in Technologically Oriented Organizations [J] . Decision Sciences, 2003, 34 (2): 323-350.

[124] George G. , Zahra S. A. , Wheatley K. K. , et al. The Effects of Alliance Portfolio Characteristics and Absorptive Capacity on Performance: A Study of Biotechnology Firms [J] . Journal of High Technology Management Research, 2001, 12 (2): 205-226.

[125] Gilsing V. , Cloodt M. , Roijakkers N. From Birth through Transition to Maturation: The Evolution of Technology-based Alliance Networks [J] . Journal of Product Innovation Management, 2016, 33 (2): 181-200.

[126] Gimeno J. Competition within and between Networks: The Contingent

Effect of Competitive Embeddedness on Alliance Formation [J]. Academy of Management Journal, 2004, 47 (6): 820-842.

[127] Gnyawali D. R., Park B. J. Co-opetition between Giants: Collaboration with Competitors for Technological Innovation [J]. Research Policy, 2011, 40 (5): 650-663.

[128] Goerzen A. Alliance Network and Firm Performance: The Impact of Repeated Partnership [J]. Strategic Management Journal, 2007, 28 (5):487-509.

[129] Golonka G. Proactive Cooperation with Strangers: Enhancing Complexity of the ICT firms' Alliance Portfolio and Their Innovativeness [J]. European Management Journal, 2015, 33 (3): 168-178.

[130] Granovetter M. Economic Action and Social Structure: The Problem of Embeddedness [J]. Social Science Electronic Publishing, 1985, 91 (3): 481-510.

[131] Granovetter M. S. The Strength of Weak Ties [J]. American Journal of Sociology, 1973, 78 (6): 1360-1380.

[132] Guisado-González M., González-Blanco J., Coca-Pérez J. L. Exploration, Exploitation, and Firm Age in Alliance Portfolios [J]. Eurasian Business Review, 2019, 9 (4): 387-406.

[133] Gulati R. Alliances and Networks [J]. Strategic Management Journal, 1998, 19 (4): 293-317.

[134] Gulati R. Managing Network Resources: Alliances, Affiliations, and Other Relational Assets [J]. Scandinavian Journal of Management, 2008, 25 (2): 243-244.

[135] Gulati R., Nohria N., Zaheer A. Strategic Networks [J]. Strategic Management Journal, 2000, 21 (3): 203-215.

[136] Gulati R., Singh H. The Architecture of Cooperation: Managing Coordination Costs and Appropriation Concerns in Strategic Alliances [J]. Administrative Science Quarterly, 1998, 43 (4): 781-814.

[137] Gulati R., Sytch M. Dependence Asymmetry and Joint Dependence in Interorganizational Relationships: Effects of Embeddedness on a Manufacturer's

Performance in Procurement Relationships [J] . Administrative Science Quarterly, 2007, 52 (1): 32-69.

[138] Gupta A. K. , Smith K. G. , Shalley C. E. The Interplay between Exploration and Exploitation [J] . Academy of Management Journal, 2006, 49 (4): 693-706.

[139] Gutiérrez R. , Márquez P. , Reficco E. Configuration and Development of Alliance Portfolios: A Comparison of Same-sector and Cross-sector Partnerships [J] . Journal of Business Ethics, 2016, 135 (1): 55-69.

[140] Hagedoorn J. , Lokshin B. , Zobel A. K. Partner Type Diversity in Alliance Portfolios: Multiple Dimensions, Boundary Conditions and Firm Innovation Performance [J] . Journal of Management Studies, 2018, 55 (5): 809-836.

[141] Haider S. , Mariotti F. The Orchestration of Alliance Portfolios: The Role of Alliance Portfolio Capability [J] . Scandinavian Journal of Management, 2016, 32 (3): 127-141.

[142] Heimeriks K. H. , Klijin E. , Reuer J. J. Building Capabilities for Alliance Portfolios [J] . Long Range Planning, 2009, 42 (1): 96-114.

[143] Hernandez - Espallardo M. , Sanchez - Perez M. , Segovia - Lopez C. Exploitation and Exploration-based Innovations: The Role of Knowledge in Interfirm Relationships with Distributors [J] . Technovation, 2011, 31 (5 - 6): 203-215.

[144] Hoang H. , Antonicic B. Network-based Research in Entrepreneurship: A Critical Review [J] . Journal of Business 2003, 18 (2): 165-187.

[145] Hoang H. , Rothaermel F. T. The Effect of General and Partner-specific Alliance Experience on Joint R&D Project Performance [J] . Academy of Management Journal, 2005, 48 (2): 332-345.

[146] Hoffmann W. H. Strategies for Managing a Portfolio of Alliances [J] . Strategic Management Journal, 2007, 28 (8): 827-856.

[147] Holmberg S. R. , Cummings J. L. Building Successful Strategic Alliances: Strategic Process and Analytical Tool for Selecting Partner Industries and Firms [J] . Long Range Planning, 2009, 42 (2): 164-193.

［148］Hora M. , Dutta D. K. Entrepreneurial Firms and Down-stream Alliance Partnerships: Impact of Portfolio Depth and Scope on Technology Innovation and Commercialization Success ［J］. Production and Operations Management, 2013, 22 (6): 1389-1400.

［149］Jack S. L. The Role, Use and Activation of Strong and Weak Network Ties: A Qualitative Analysis ［J］. Journal of Management Studies, 2005, 42 (6): 1233-1259.

［150］Jarvenpaa S. L. , Majchrzak A. Knowledge Collaboration Among Professionals Protecting National Security: Role of Transactive Memories in Ego-centered Knowledge Networks ［J］. Organization Science, 2016, 19 (2): 260-276.

［151］Jiang R. J. , Tao Q. T. , Santoro M. D. Alliance Portfolio Diversity and Firm Performance ［J］. Strategic Management Journal, 2010, 31 (10): 1136-1144.

［152］Kale P. , Dyer J. , Singh H. Alliance Capability, Stock Market Response, and Long-term Alliance Success: The Role of the Alliance Function ［J］. Strategic Management Journal, 2002, 23 (8): 747-767.

［153］Kamasak R. , Yavuz M. , Altuntas G. Is the Relationship between Innovation Performance and Knowledge Management Contingent on Environmental Dynamism and Learning Capability? Evidence from a Turbulent Market ［J］. Business Research, 2016, 9 (2): 229-253.

［154］Karim S. , Mitchell W. Path-dependent and Path-breaking Reconfiguring Business Resources Following Acquisitions in the U. S. Change: Medical Sector, 1978-1995 ［J］. Strategic Management Journal, 2000, 21 (10): 1061-1081.

［155］Katil A. R. , Ahuja G. Something Old, Something New: A Longitudinal Study of Search Behavior and New Product Introduction ［J］. Academy of Management Journal, 2002, 45 (6): 1183-1194.

［156］Khaire M. Young and no Money? Never Mind: The Material Impact of Social Resources on New Venture Growth ［J］. Organization Science, 2010, 21 (1): 168-185.

［157］Kim J. W. , Higgins M. C. Where Do Alliances Come From?

[J] . Research Policy, 2007, 36 (4): 499–514.

[158] Kline R. B. Principles and Practice of Structural Equation Modeling [M] . New York: Guilford Press, 1998.

[159] Koka B. R. , Prescott J. E. Designing Alliance Networks: The Influence of Network Position, Environmental Change, and Strategy on Firm Performance [J] . Strategic Management Journal, 2008, 29 (6): 639–661.

[160] Krishnan R. , Martin X. , Noorderhaven N. G. When does Trust Matter to Alliance Performance? [J] . Academy of Management Journal, 2006, 49 (5): 894–917.

[161] Lai H. C. , Weng C. S. Do Technology Alliances Benefit Technological Diversification? the Effects of Technological Knowledge Distance, Network Centrality and Complementary Assets [J] . Asian Journal of Technology Innovation, 2013, 21 (1): 136–152.

[162] Lavie D. Alliance Portfolios and Firm Performance: A Study of Value Creation and Appropriation in the U. S. Software Industry [J] . Strategic Management Journal, 2007, 28 (12): 1187–1212.

[163] Lavie D. Capturing Value from Alliance Portfolios [J] . Organizational Dynamics, 2009, 38 (1): 26–36.

[164] Lavie D. , Lechner C. , Singh H. The Performance Implications of Timing of Entry and Involvement in Multipartner Alliances [J] . Academy of Management Journal, 2007, 50 (3): 578–604.

[165] Lavie D. , Miller S. R. Alliance Portfolio Internationalization and Firm Performance [J] . Organization Science, 2008, 19 (4): 623–646.

[166] Lavie D. , Rosenkopf L. Balancing Exploration and Exploitation in Alliance Formation [J] . Academy of Management Journal, 2006, 49 (4):797–818.

[167] Lavie D. , Singh H. The Evolution of Alliance Portfolios: The Case of Unisys [J] . Industrial and Corporate Change, 2012, 21 (3): 763–809.

[168] Lavie D. , Stettner U. , Tushman M. L. , et al. Exploration and Exploitation within and Across Organizations [J] . The Academy of Management Annals, 2010, 4 (1): 109–155.

［169］Lee D. , Kirkpatrick－Husk K. , Madhavan R. Diversity in Alliance Portfolios and Performance Outcomes: A Meta－analysis ［J］. Journal of Management, 2017, 43（5）: 1472－1497.

［170］Leeuw T. D. , Lokshin B. , Duysters G. Returns to Alliance Portfolio Diversity: The Relative Effects of Partner Diversity on Firm's Innovative Performance and Productivity ［J］. Journal of Business Research, 2014, 67（9）: 1839－1849.

［171］Levinthal D. A. , March J. G. The Myopia of Learning ［J］. Strategic Management Journal, 1993（14）（Winter Special Issue）: 95－112.

［172］Li Y. , Vanhaverbeke W. , Schoenmakers W. Exploration and Exploitation in Innovation: Reframing the Interpretation ［J］. Creativity & Innovation Management, 2008, 17（2）: 107－126.

［173］Lin Z. , Yang H. , Demirkan I. The Performance Consequences of Ambidexterity in Strategic Alliance Formations: Empirical Investigation and Computational Theorizing ［J］. Management Science, 2007, 53（10）: 1645－1658.

［174］Liu C. , Yang J. Decoding Patent Information Using Patent Maps ［J］. Data Science Journal, 2008（7）: 14－22.

［175］March J. G. Exploration and Exploitation in Organization Learning ［J］. Organization Science, 1991, 2（1）: 71－87.

［176］March J. G. Continuity and Change in Theories of Organizational Action ［J］. Administrative Science Quarterly, 1996, 41（2）: 278－287.

［177］Mariotti F. , Delbridge R. Overcoming Network Overload and Redundancy in Interorganizational Networks: The Roles of Potential and Latent Ties ［J］. Organization Science, 2012, 23（2）: 511－528.

［178］Martinez M. G. , Zouaghi F. , Garcia M. S. Capturing Value from Alliance Portfolio Diversity: The Mediating Role of R&D Human Capital in High and Low Tech Industries ［J］. Technovation, 2017, 59（59）: 55－67.

［179］Martinez M. G. , Zouaghi F. , Garcia M. S. Casting a Wide Net for Innovation: Mediating Effect of R&D Human and Social Capital to Unlock the Value from Alliance Portfolio Diversity ［J］. British Journal of Management, 2019, 30

(4): 769-790.

[180] Mathews J. A. Strategy and the Crystal Cycle [J]. California Management Review, 2005, 47 (2): 6-32.

[181] Miller D. , Friesen P. H. Strategy-making and Environment: The Third Link [J]. Strategic Management Journal, 1983, 4 (3): 221-235.

[182] Moorman C. , Miner A. S. The Impact of Organizational Memory on New Product Performance and Creativity [J]. Journal of Marketing Research, 1997, XXXIV (February): 91-106.

[183] Moran P. Structural vs. Relational Embeddedness: Social Capital and Managerial Performance [J]. Strategic Management Journal, 2005 (26): 1129-1151.

[184] Mouri N. , Sarkar M. B. , Frye M. Alliance Portfolios and Shareholder Value in Post-IPO Firms: The Moderating Roles of Portfolio Structure and Firm-level Uncertainty [J]. Journal of Business Venturing, 2012, 27 (3): 355-371.

[185] Neyens I. , Faems D. Exploring the Impact of Alliance Portfolio Management Design on Alliance Portfolio Performance [J]. Managerial and Decision Economics, 2013, 34 (3/5): 347-361.

[186] Oerlemans L. A. G. , Knoben J. , Pretorius M. W. Alliance Portfolio Diversity, Radical and Incremental Innovation: The Moderating Role of Technology Management [J]. Technovation, 2013, 33 (6-7): 234-246.

[187] O' Reilly C. A. , Tushman M. L. Organizational Ambidexterity: Past, Present, and Future [J]. Academy of Management Perspectives, 2013, 27 (4): 324-338.

[188] Ozcan P. , Eisenhardt K. M. Origin of Alliance Portfolios: Entrepreneurs, Network Strategies, and Firm Performance [J]. Academy of Management Journal, 2009, 52 (2): 246-279.

[189] Pangarkar N. , Lin Y. , Hussain S. Too Much of a Good Thing? Alliance Portfolio Size and Alliance Expansion [J]. European Management Journal, 2017, 35 (8): 477-485.

[190] Parise S. , Casher A. Alliance Portfolios: Designing and Managing

Your Network of Business-partner Relationships [J] . Academy of Management Executive, 2003, 17 (4): 25-39.

[191] Pfeffer J. , Salancik G. R. The External Control of Organizations: A Resource Dependence Perspective [J] . Social Science Electronic Publishing, 1979, 23 (2): 123-133.

[192] Phelps C. , Heidl R. , Wadhwa A. Knowledge, Networks, and Knowledge Networks: A Review and Research Agenda [J] . Journal of Management, 2012, 38 (4): 1115-1166.

[193] Phelps C. C. A Longitudinal Study of the Influence of Alliance Network Structure and Composition on Firm Exploratory Innovation [J] . Academy of Management Journal, 2010, 53 (4): 890-913.

[194] Reuer J. J. , Park K. M. , Zollo M. Experimental Learning in International Joint Ventures: The Role of Experience Heterogeneity and Venture Novelty. In F. J. Contractor, & P. Lorange (Eds.), Cooperative Strategies and Alliances [M] . Oxford: Pergamon Press, 2002.

[195] Reuer J. J. , Ragozzino R. Agency Hazards and Alliance Portfolios [J] . Strategic Management Journal, 2006, 27 (1): 27-43.

[196] Rindova V. P. , Yeow A. , Martins L. L. , et al. Partnering Portfolios, Value-creation Logics, and Growth Trajectories: A Comparison of Yahoo and Google (1995 to 2007) [J] . Strategic Entrepreneurship Journal, 2012, 6 (2): 133-151.

[197] Ritter T. , Gemunden H. G. The Impact of a Company's Business Strategy on Its Technological Competence, Network Competence and Innovation Success [J] . Journal of Business Research, 2004, 57 (5): 548-556.

[198] Rossi A. G. , Blake D. , Timmermann A. , et al. Network Centrality and Delegated Investment Performance [J] . Journal of Financial Economics, 2018, 128 (1): 183-206.

[199] Rowley T. , Behrens D. , Krackhardt D. Redundant Governance Structures: An Analysis of Structural and Relational Embeddednessin the Steel and Semiconductor Industries [J] . Strategic Management Journal, 2000, 21 (3):

369-386.

[200] Sarkar M. B. , Aulakh P. S. , Madhok A. Process Capabilities and Value Generation in Alliance Portfolios [J] . Organization Science, 2009, 20 (3): 583-600.

[201] Schilke O. On the Contingent Value of Dynamic Capabilities for Competitive Advantage: The Non - linear Moderating Effect of Environmental Dynamism [J] . Strategic Management Journal, 2014, 35 (2): 179-203.

[202] Scott J. Social Network Analysis [M] . Thousand Oaks: SAGE Press, 2012.

[203] Shan W. , Walker G. , Kogut B. Interfirm Cooperation and Startup Innovation in the Biotechnology Industry [J] . Strategic Management Journal, 1994, 15 (5): 387-394.

[204] Siggelkow N. , Levinthal D. A. Temporarily Divide to Conquer: Centralized, Decentralized, and Reintegrated Organizational Approaches to Exploration and Adaptation [J] . Organization Science, 2003, 14 (6): 650-669.

[205] Stettner U. , Aharonson B. S. , Amburgey T. L. The Interplay between Exploration and Exploitation in SMEs [J] . Exploration and Exploitation in Early Stage Ventures and SMEs (Technology, Innovation, Entrepreneurship and Competitive Strategy), 2014 (14): 3-13.

[206] Stettner U. , Lavie D. Ambidexterity Under Scrutiny: Exploration and Exploitation Via Internal Organization, Alliances, and Acquisitions [J] . Strategic Management Journal, 2014, 35 (13): 1903-1929.

[207] Subramanian A. M. , Soh P. H. Linking Alliance Portfolios to Recombinant Innovation: The Combined Effects of Diversity and Alliance Experience [J] . Long Range Planning, 2017, 50 (5): 636-652.

[208] Tatarynowicz A. , Sytch M. , Gulati R. Environmental Demands and the Emergence of Social Structure: Technological Dynamism and Interorganizational Network Forms [J] . Administrative Science Quarterly, 2016, 61 (1): 52-86.

[209] Teece D. J. , Pisano G. , Shuen A. Dynamic Capabilities and Strategic Management [J] . Strategic Management Journal, 1997, 18 (7): 509-533.

[210] Tether B. S. , Tajar A. Beyond Industry – university Links: Sourcing Knowledge for Innovation from Consultants, Private Research Organizations and the Public Science-base [J] . Research Policy, 2008, 37 (6-7): 1079-1095.

[211] Tiwana A. Do Bridging Ties Complement Strong Ties? An Empirical Examination of Alliance Ambidexterity [J] . Strategic Management Journal, 2008, 29 (3): 251-272.

[212] UN C. A. , Asakawa K. Types of R&D Collaborations and Process Innovation: The Benefit of Collaborating Upstream in the Knowledge Chain [J] . Journal of Product Innovation Management, 2015, 32 (1): 138-153.

[213] Vanhaverbeke W. , Gilsing V. , Beerkens B. , et al. The Role of Alliance Network Redundancy in the Creation of Core and Non – core Technologies [J] . Journal of Management Studies, 2009, 46 (2): 215-244.

[214] Vermeulen F. , Barkema H. Learning Through Acquisitions [J] . Academy of Management Journal, 2001, 44 (3): 457-476.

[215] Wassmer U. Alliance Portfolios: A Review and Research Agenda [J] . Journal of Management, 2010, 36 (1): 141-171.

[216] Wassmer U. , Dussauge P. Value Creation in Alliance Portfolios: The Benefits and Costs of Network Resource Interdependencies [J] . European Management Review, 2011, 8 (1): 47-64.

[217] Wassmer U, Dussauge P. Network Resource Stocks and Flows: How Do Alliance Portfolios Affect the Value of New Alliance Formations? [J] . Strategic Management Journal, 2012, 33 (7): 871-883.

[218] Weigelt C. The Impact of Outsourcing New Technologies on Integrative Capabilities and Performance [J] . Strategic Management Journal, 2009, 30 (6): 595-616.

[219] Wirtz B. W. , Schilke O. , Ullrich S. Strategic Development of Business Models Implications of the Web 2. 0 for Creating Value on the Internet [J] . Long Range Planning, 2010, 43 (2/3): 272-290.

[220] Wuyts S. , Dutta S. Benefiting from Alliance Portfolio Diversity: The Role of Past Internal Knowledge Creation [J] . Journal of Management, 2014, 40

(6): 1653-1674.

[221] Yamakawa Y. , Yang H. B. , Lin Z. Exploration Versus Exploitation in Alliance Portfolio: Performance Implications of Organizational, Strategic, and Environmental fit [J] . Research Policy, 2011 (40): 287-296.

[222] Zhang H. Y. , Shi Y. J. , Liu J. X. , et al. How do Technology Strategies Affect the Catch-up Progress of High-tech Latecomers? Evidence from Two Chinese Research-Institute-Transformed Telecommunications Firms [J] . Journal of Business Research, 2021, 122 (1): 805-821.

[223] Zheng Y. , Yang H. Does Familiarity Foster Innovation? The Impact of Alliance Partner Repeatedness on Breakthrough Innovations [J] . Journal of Management Studies, 2015, 52 (2): 213-230.

附　录

附录一　"联盟组合网络特征与
企业创新能力关系研究"访谈提纲

一、请简要介绍一下贵企业的基本情况

1. 贵企业成立于哪年？所有制性质是什么？

2. 贵企业的主要经营业务是什么？

3. 贵企业的员工总人数是多少？近两年的销售额有多少？

4. 贵企业对外合作情况怎么样？

5. 贵企业的技术发展在行业内处于什么水平？

二、请介绍一下近两年贵企业的联盟情况

1. 贵企业主要和哪些类型的伙伴建立了联盟关系？具体是通过什么形式建立联盟关系的？

2. 贵企业联盟伙伴的地域分布情况如何？

3. 贵企业联盟伙伴的产业分布情况如何？

4. 贵企业在与主要联盟伙伴的合作过程中投入的资源情况如何？

5. 主要联盟伙伴对贵企业的技术创新提供了哪些帮助？

6. 贵企业在与联盟伙伴的合作过程中存在哪些问题？

三、请介绍一下近两年贵企业的组织学习情况

1. 贵企业更偏重于学习新技术领域的知识还是现有技术领域的知识？
2. 贵企业在联盟中开展技术交流与学习的情况如何？

四、请介绍一下近两年贵企业主营业务所处行业的情况

1. 该行业的顾客构成和偏好变化情况如何？
2. 该行业的主导技术变化速度如何？
3. 该行业未来两年的主导技术变化趋势是否可以预测？

五、请介绍一下贵企业的技术战略情况

1. 贵企业的技术战略目标是什么？
2. 贵企业的研发投入情况如何？
3. 贵企业研发队伍状况怎么样？
4. 贵企业技术研发和新产品开发活动开展情况怎么样？

附录二　"联盟组合网络特征与企业创新能力关系研究"调查问卷

问卷编号：

尊敬的先生/女士：

您好！

本问卷是电子科技大学进行的国家自然科学基金研究项目的主要内容之一，旨在调查联盟组合网络特征与企业创新能力的关系，即企业如何组建联盟组合以提高创新能力。问卷中所有问题答案没有对错之分，根据本企业的真实情况作出回答即可。若您对某些题项答案不清楚，请求助贵企业的相关人员协助完成。若某个题项答案未能完全表达您的意见，请选择最接近您看法的答案。同时，我们承诺，您所填写的所有内容均只用于学术研究并严格保密，若违反我们愿承担法律责任。非常感谢您的鼎力支持！

一、基本信息

1. 职务　　　　　　　　　　　　2. 企业创立时间：　　　年

3. 企业地处：　　省　　市　　　4. 企业员工总数：　　　人

5. 企业性质：

□国有　　□民营　　□三资　　□集体　　□其他_____

6. 贵企业主营业务所在的行业领域：

□生物制药　　　□信息通信　　　□新能源新材料　　　□航空航天

□机械制造　　　□化工纺织　　　□其他_____

二、联盟组合

联盟包括：①双方成立合资企业；②战略供应商—客户关系；③OEM（贴牌）；④合作研发；⑤技术许可；⑥共享营销渠道；⑦交叉持有股权；⑧技术培训和支持；⑨资本运作服务；⑩协助拓展海外市场。

伙伴类型包括供应商、企业用户、市场竞争者、研发机构、高等学校、金融机构、政府部门及行业协会等；企业体制类型包括国有、民营、三资和集体。

A. 伙伴多样性——近两年的研发过程中，贵企业的联盟伙伴分布情况：

题项中分值1~7：	1 表示完全不符合，4 表示居中，7 表示完全符合						
	1	2	3	4	5	6	7
A1. 贵企业与多种类型的伙伴建立联盟关系							
A2. 贵企业与多个国家的伙伴建立联盟关系							
A3. 贵企业与多种产业的企业建立联盟关系							
A4. 贵企业与多种体制的企业建立联盟关系							

B. 联结强度——近两年的研发过程中，贵企业与联盟伙伴的联结情况：

题项中分值1~7：	1 表示完全不符合，4 表示居中，7 表示完全符合						
	1	2	3	4	5	6	7
A1. 贵企业与主要联盟伙伴间的交流非常频繁							
A2. 贵企业在与主要联盟伙伴的合作中投入了大量的资源							
A3. 贵企业与主要联盟伙伴间的交流涉及研发、生产和市场等多方面							
A4. 贵企业与主要联盟伙伴的合作是一种双赢关系							

C. 网络规模——近两年的研发过程中，贵企业建立的主要联盟伙伴数量：

请在合适区域上打√	几乎没有	1~6家	7~12家	13~18家	19~24家	25~30家	30家以上
C1. 直接联盟的供应商							
C2. 直接联盟的客户							
C3. 直接联盟的研发机构和高校							
C4. 直接联盟的竞争对手							

三、组织学习

近两年，贵企业与联盟伙伴开展的组织学习情况：

题项中分值1~7：	1表示完全不符合，4表示居中，7表示完全符合						
	1	2	3	4	5	6	7
D1. 贵企业从联盟伙伴处获得对企业而言全新的产品开发技术							
D2. 贵企业通过联盟伙伴开辟全新的业务领域							
D3. 贵企业与联盟伙伴共同开展完全不同于本领域传统技术的技术研发							
E1. 贵企业利用联盟伙伴的知识加强已有技术的升级							
E2. 贵企业利用联盟伙伴的知识提高已有资源的利用效率							
E3. 贵企业利用联盟伙伴的知识改进已有产品的功效							

四、环境动态性

近两年，贵企业面临的环境：

题项中分值1~7：	1表示完全不符合，4表示居中，7表示完全符合						
	1	2	3	4	5	6	7
F1. 贵企业所在产业内的顾客构成不断变化							
F2. 顾客对贵企业所在产业内的产品的偏好不断变化							
F3. 贵企业所在产业的主导技术变化很快							
F4. 很难预测两年后贵企业所在产业主导技术的发展情况							

五、技术战略导向

近两年，贵企业采取的技术战略情况是：

题项中分值1~7：	1表示完全不符合，4表示居中，7表示完全符合						
	1	2	3	4	5	6	7
G1. 贵企业一直追求成为产业中的技术领先者							
G2. 贵企业的研发投入非常大							
G3. 贵企业研发人员的整体素质高							
G4. 贵企业持续不断地开发新产品							

六、企业创新能力

近两年，与同行业企业的平均水平相比，贵企业的创新能力情况是：

题项中分值 1~7：	1 表示非常少/慢/低，4 表示基本相等，7 表示非常多/快/高						
	1	2	3	4	5	6	7
H1. 专利授权数							
H2. 平均专利被引证数							
H3. 平均专利族数							
H4. 在市场上率先推出新产品的速度							
H5. 新产品运用行业领先技术的程度							
H6. 新产品产值占销售总额的比重							

注：专利授权数：申请的专利能够得到知识产权部门或组织的授权；专利被引证数：一项专利被其他专利引用的次数；专利族数：同一项专利在不同国家或者国际专利组织申请的数量。

问卷完成后，请您采取以下两种方式之一返还结果：

1. 直接返还给问卷发放人。

2. E-mail 至××××××。

再次感谢您的支持与配合！

后 记

斗转星移，光阴如梭，数载的课题研究生涯告一段落，值此书稿付梓之际，怀着一颗感恩的心，向所有关心、帮助和支持我的人致以最诚挚的谢意。

首先要感谢我的导师邵云飞教授。能够师从邵老师是我求学生涯莫大的幸运，她对学术研究的热爱、执着和坚持时刻鞭策着我；她那宁静致远、淡泊名利的治学精神时刻提醒我追求真理才是学术研究的至高目标。于我而言，求学过程异常艰辛和不易，是邵老师一直不离不弃，鼓励我坚持完成学业，她的关怀教会了我在任何时候，哪怕是在逆境中也要保持乐观的态度去快乐地享受学术研究的过程。师恩如山，我将铭记于心，并时刻勉励自己努力上进。

衷心地感谢我的同门詹坤、庞博、吴言波、晋邑、霍丽莎、刚磊、姚璐莹等，他们对我的论文提出的建议、研究方法的指导和学术经验的分享都使我受益匪浅；在我遇到研究困难时他们的鼓励和帮助使我感受到了家庭般的温暖，与他们共同学习的时光将成为我人生中非常珍贵的一段回忆。

诚挚地感谢参与论文开题、中期检查、评审和答辩的所有老师，感谢你们的意见和建议，才使我的博士学位论文能够越来越完善和规范。感谢孔刚老师在我求学时期的关心和帮助。

从小到大，一直沐浴在父亲的慈爱中。难以忘记父亲为了给我和弟弟创造好的生活和学习条件终日辛苦劳作的模样，难以忘记父亲得知我博士被录取时欣慰和自豪的笑声，但当我的课题研究完成的时候，父亲却离开我们五年多了，留给女儿的是不能尽孝的愧疚和遗憾，思念之情愈加强烈。谨以此书献给我的父亲，愿他在天之灵能够得到一丝慰藉，能够感受到女儿对他深深的怀念与感恩之情。

在课题研究期间，我的母亲和爱人给了我最大的理解、鼓励和支持，小儿纯真快乐的笑容和对知识的日益渴望激励我不断进步。而我唯有用对生活的热爱和对学术研究坚持不懈的努力才能回报他们给予我的一切。

马　丽

2021 年 12 月